Ayya Khema

Das Herz der Lotusblume

Das Herz der Lotusblume

Die Essenz der Buddha-Lehre

Ein Meditationskurs
mit
Ayya Khema

Jhana Verlag

Titel der Originalausgabe: *Here and now*

aus dem Englischen übersetzt von Dr. Siegfried Christ
überarbeitet von Gudrun Heidecke

Die Deutsche Bibliothek – CIP-Einheitsaufnahme

Khema <Ayya>:
Das Herz der Lotusblume : die Essenz der Buddha-Lehre ; ein Meditationskurs / mit Ayya Khema. – 2. Aufl. – Uttenbühl : Jhana-Verl., 2002
ISBN 3-931274-06-3

2. Auflage 2002

Umschlaggestaltung: Angelika Flierl
Satz: Traudel Reiß
Druck: Druckerei Wilhelm Uhl GmbH, Bad Grönenbach

ISBN 3-931274-06-3

Dieses Buch ist meinen Eltern gewidmet,
die mir Liebe und Weisheit vorgelebt haben.
Mögen alle Verdienste ihnen zu Gute kommen.

Inhalt

Vorwort

Meditationskurse sind Zeiten der Innenschau. Da wir dabei »Nobles Schweigen« einhalten, wird der Geist immer achtsamer und konzentrierter, so daß die Wahrheit der Lehre des Buddha einen tiefen und unauslöschlichen Eindruck hinterlassen kann.

Wenn Sie, liebe Leserinnen, liebe Leser, dieses Buch aufschlagen, stellen Sie sich doch bitte vor, daß Sie an einem Meditationskurs teilnehmen, bei dem nichts außer der Klarheit und Heilsamkeit Ihres Geistes von Bedeutung ist. Sie können dabei alle täglichen Verpflichtungen hinter sich lassen und sich ganz auf die wunderbare, köstliche Freiheit der Lehre des Buddha konzentrieren.

Der Titel des Buches hat eine besondere Bedeutung aus buddhistischer Sicht. Die Lotusblume ist nicht nur von makelloser Schönheit, sondern sie wird auch als Symbol für den Läuterungsprozeß verwendet.

Wir sehen daher oft buddhistische Bilder und auch Skulpturen aus Holz und Stein von Lotusblumen, die manchmal lebensgetreu und manchmal stilisiert dargestellt werden. So finden wir z.B. viele Buddha-Statuen, bei denen der Buddha auf den Blütenblättern einer Lotusblume sitzt oder steht. Die Erklärung der Lotusblume als Symbol der Läuterung besteht darin, daß sie im Sumpf auf dem Boden des Sees zu wachsen beginnt, sich dann aber über den Wasserspiegel erhebt und die Berührung von Wasser und Schlamm hinter sich läßt. Ferner rollen alle Wassertropfen von ihren Blättern ab und hinterlassen keine Spur.

Genauso soll sich unser eigener Läuterungsprozeß vollziehen. Wir werden erdgebunden geboren, können aber durch unser spirituelles Wachstum alle Problematik hinter uns lassen und die Berührungen der Welt, denen wir ausgesetzt sind, gleiten dann an uns ab und hinterlassen keine Spuren.

Mögen alle, die dieses Buch lesen, Freude daran haben, etwas Nützliches darin finden und so schön und rein wie Lotusblumen werden.

April 1996 Ayya Khema

Danksagung

Ich bedanke mich von Herzen bei allen Freunden und Schülern, die dieses Buch ermöglicht haben.

Hema de Silva (gest. 1995, Sri Lanka), der die Inspiration dazu gab. Lasanda Kurukulasuriya, Sri Lanka, die das Original Manuskript getippt hat. Ayya Nyanasiri, Sri Lanka, die mich immer ermutigt und mir viele wertvolle Ratschläge gegeben hat. Dr. Ariyaratne, Sri Lanka, der uns geholfen hat, diesen Meditationskurs im November 1987 im Pelmadulla Bhikkhu Training Centre in Sri Lanka abzuhalten. Meine Freunde und Schüler in Sri Lanka, die durch ihre Spenden die englische Original Ausgabe unterstützt haben.

Dr. Siegfried Christ, der spontan die deutsche Übersetzung in Angriff nahm und erfolgreich durchführte. Meine Mitarbeiter im Buddha-Haus, deren treuer Freundschaft und liebevoller Fürsorge es zu verdanken ist, daß ich weiter lehren kann, und die alle zu der Fertigstellung dieses Buches beigetragen haben.

Außerdem möchte ich meiner Liebe und Verehrung für meine Lehrer Ausdruck geben:

Der Ehrw. Nyāṇaponika Mahāthera (gest. 1994, Sri Lanka), der Ehrw. Ñāṇārāma Mahāthera (gest. 1992, Sri Lanka), Tan Achan Singtong (gest., Thailand), Phra Khantipalo, Australien, ohne deren Hilfe, Belehrung und Weisheit ich niemals das *Dhamma* erfahren und erlebt hätte. Mögen sie alle das Glück von *Nibbāna* im Herzen tragen.

April 1996 Ayya Khema

I

Der meditative Geist

Die Menschen sind oft darüber erstaunt, daß Meditieren schwierig ist. Äußerlich scheint es eine leichte Sache zu sein, sich auf ein Kissen zu setzen und seinen Atem zu betrachten. Was soll daran schwer sein? Die Schwierigkeit besteht darin, daß wir an sich völlig unvorbereitet sind. Unser Geist, unsere Sinne und Gefühle sind es gewohnt, sich auf dem Marktplatz, nämlich in der Welt, zu tummeln. Aber Meditation kann nicht auf einem Marktplatz stattfinden. Das ist unmöglich. Es gibt nichts zu kaufen, zu verhandeln oder zu arrangieren in der Meditation. Die meisten Menschen jedoch bleiben in dieser weltlichen Denkweise verhaftet, und daher fällt ihnen die Meditation anfänglich schwer.

Wir müssen Geduld mit uns selbst haben. Es braucht seine Zeit, um zu dem Punkt zu kommen, wo Meditation wirklich zu einem jederzeit zugänglichen Bewußtseinszustand wird, weil der Marktplatz seine Bedeutung für uns verloren hat. Marktplatz bedeutet nicht nur, daß wir einkaufen gehen, sondern alles, was in der Welt vor sich geht: all die Beziehungen, Ideen, Hoffnungen und Erinnerungen, all die Abneigungen und Widerstände, all unsere Reaktionen.

In der Meditation kann es bereits anfänglich flüchtige Lichtblicke geben, daß Konzentration möglich ist, aber sie kann nicht ununterbrochen durchgehalten werden. Sie entgleitet ständig, und der Geist kehrt dorthin zurück, woher er gekommen ist. Um dem entgegenzuarbeiten, müssen wir uns entschließen, unserem Leben eine meditative Basis zu geben; das bedeutet nicht, daß wir von morgens bis abends meditieren. Ich kenne Niemanden, der das macht. Und es bedeutet auch nicht, daß wir unseren Pflichten und Verantwortungen nicht nachkommen, denn sie sind notwendig und vorrangig, solange wir sie haben. Aber es bedeutet, daß wir uns aufmerksam beobachten, bei all unseren Handlungen und Reaktionen, um sicher zu sein, daß alles im Licht des *Dhamma* – der Wahrheit – geschieht. Das bezieht sich auf die kleinste Angelegenheit, so wie unsere Mahlzeiten, was wir hören und worüber wir sprechen.

Erst dann kann der Geist eine meditative Qualität haben, wenn wir uns auf das Kissen setzen. Das bedeutet, daß wir, ganz gleich wo wir uns befinden, unsere Aufmerksamkeit nach innen wenden. Es heißt nicht, daß wir uns nicht mit anderen unterhalten können, aber wir achten auf den Inhalt des Gesprächs.

Das ist nicht leicht getan und der Geist gleitet oft ab. Wir können uns jedoch des Abgleitens bewußt werden. Wenn wir noch nicht einmal erkennen, daß wir von der Achtsamkeit und dem inneren Beobachten abgekommen sind, befinden wir uns noch nicht auf dem meditativen Weg. Wenn unser Geist im Inneren diese *Dhamma*-Qualität verwirklicht hat, dann hat die Meditation eine gute Chance. Je mehr wir vom *Dhamma* wissen, desto mehr können wir nachprüfen, ob wir dessen Richtlinien befolgen. Es ist kein Tadel damit verbunden, wenn es uns nicht gelingt. Aber wenigstens sollten wir die Richtlinien kennen und wissen, wo wir Fehler machen. Dann üben wir, um der absoluten Realität immer näher zu kommen, bis wir eines Tages tatsächlich das *Dhamma* sein werden.

Es besteht ein bedeutsamer Unterschied zwischen dem, der nur davon weiß, und dem, der praktiziert. Derjenige, der weiß, mag die Worte und Konzepte verstehen, aber der Praktizierende weiß, daß er selbst diese Wahrheit werden will. Worte sind Hilfsmittel, nicht nur für die Kommunikation, sondern auch um Ideen zu verdichten. Aber sie können niemals die Wahrheit offenbaren, denn nur die persönliche Erfahrung vermag das. Wir gewinnen unsere Erfahrungen, indem wir gewahr werden, was in unserem Innenleben vor sich geht und warum alles so ist, wie es ist. Das bedeutet, daß wir die Aufmerksamkeit mit der Untersuchung verbinden, warum wir so denken, sprechen und handeln, wie wir es tun. Solange wir unseren Geist nicht auf diese Weise benutzen, wird die Meditation wechselhaft und schwierig sein. Wenn Meditieren keine Freude macht, dann sind die meisten Menschen geradezu glücklich, sie wieder zu vergessen.

Ohne den meditativen Geist und ohne eigene Erfahrung kann das *Dhamma* nicht im Herzen entstehen, denn das *Dhamma* liegt nicht in den Worten. Der Buddha war in der Lage, seine innere Erfahrung zu unserem Gewinn in Worte zu kleiden und uns damit Richtlinien zu geben. Das bedeutet, daß wir die Richtung kennen, aber den Weg müssen wir selbst gehen.

Um einen meditativen Geist zu besitzen, müssen wir einige wichtige innere Eigenschaften entwickeln. Wir tragen die Samen dazu in uns, sonst könnten wir sie nicht kultivieren. Wenn wir in unserem Garten Blumen haben möchten, aber es sind keine Samen in der Erde, dann können wir gießen und düngen, aber nichts wird wachsen. Das Gießen und Düngen des Geistes geschieht durch die Meditation. Das Jäten muß im täglichen Leben geschehen. Unkraut scheint in jedem Garten besser zu gedeihen als die Blumen. Es bedarf großer Anstrengungen, um dieses Unkraut zu entwurzeln; es ist jedoch nicht allzu schwer, es niederzuhalten. Wenn wir es immer wieder tun, dann wird es allmählich so schwach, daß wir es leichter mit der Wurzel herausziehen können. Das Niederhalten und das Entfernen des inneren Unkrauts bedarf einer gründlichen Innenschau, damit wir erkennen, was Unkraut oder was eine Blume ist. Wir müssen uns ganz sicher sein, weil wir doch nicht alle Blumen herausreißen und das Unkraut stehenlassen wollen. Ein Garten mit viel Unkraut ist nicht gerade ein Schmuckstück.

Des Menschen Herz und Geist enthalten gewöhnlich die gleiche Menge an Blumen und an Unkraut. Wir sind mit den drei Wurzeln des Bösen: Gier, Haß und Verblendung, und mit den drei Wurzeln des Guten: Freigebigkeit, Herzensgüte und Weisheit, geboren. Ist es dann nicht sinnvoll, zu versuchen, jene drei

Wurzeln zu entfernen, die die Urheber aller Probleme, all unserer unerfreulichen Erfahrungen und Reaktionen sind?

Wenn wir jene drei Wurzeln ausrotten wollen, dann müssen wir auf ihre sichtbaren Auswüchse blikken. Die Wurzeln selbst liegen unter der Oberfläche; aber offensichtlich sprießen Wurzeln und zeigen deutlich ihre Sprößlinge. Wir können das in uns selbst erkennen. Verursacht durch Verblendung bringen wir Gier und Haß hervor. Es gibt verschiedene Facetten von Gier und Haß; die einfachsten und üblichsten sind „Ich mag", „Ich will", „Ich mag nicht", „Ich will nicht". Die meisten Menschen denken, daß diese Reaktionen völlig gerechtfertigt sind, und doch handelt es sich um Gier und Haß. Die Wurzeln in uns haben in so unterschiedlicher Weise Sprossen getrieben, daß wir alle Arten von Unkraut in uns wachsen haben.

Wenn wir uns einen Garten anschauen, dann finden wir möglicherweise dreißig bis vierzig verschiedene Arten von Unkraut. Wir können annehmen, daß in uns mindestens so viele unheilsame Gedanken und Gefühle zu finden sind. Sie haben unterschiedliche Erscheinungsformen und Stärke, aber sie kommen alle aus denselben Wurzeln. Da wir jedoch noch nicht an die Wurzeln gelangen können, müssen wir uns mit dem befassen, was über der Oberfläche erscheint. Wenn wir unsere guten Eigenschaften pflegen, dann werden sie so stark und mächtig, daß das Unkraut nicht mehr genug Nahrung findet. Solange wir in unserem Garten aber dem Unkraut Platz gewähren, nehmen wir den wertvollen Pflanzen die Nahrung weg, statt diese mehr und mehr zu kultivieren. Diese Arbeit vollzieht sich als Entwicklung im täglichen Leben, was uns die Meditation als ein natürliches Ergebnis unseres Geisteszustandes ermöglicht.

Zu diesem Zeitpunkt bemühen wir uns, unseren gewöhnlichen Geist in einen meditativen Geist zu verwandeln, was schwierig ist, weil wir dies noch nicht viel geübt haben. Wir haben nur einen Geist und benutzen diesen zu jeglicher Aktivität, also auch zur Meditation. Wenn wir ahnen, daß uns Meditation Ruhe und Glück bringen kann, dann müssen wir uns noch vergewissern, daß unser Geist schon meditativ eingestellt ist, wenn wir uns niedersetzen. Im letzten Augenblick von Geschäftigkeit zur Ruhe umzuschalten, ist zu schwierig.

Die geistige Verfassung, die wir zur Entwicklung der Meditation benötigen, ist vom Buddha deutlich beschrieben worden. Zwei wichtige Aspekte sind Achtsamkeit und die Beruhigung der Sinne. Innere Achtsamkeit kann manchmal mit äußerer Achtsamkeit abwechseln, weil dies unter gewissen Umständen ein wesentlicher Teil der Übung sein kann. Die Welt beeinflußt uns, das können wir nicht verleugnen.

Äußere Achtsamkeit bedeutet z.B. auch, einen Baum auf eine völlig neue Weise zu betrachten, nicht verbunden mit den üblichen Gedanken wie: „Der ist aber schön“ oder „Ich möchte ihn für meinen Garten“; sondern eher mit der Feststellung, daß er lebende und abgestorbene Blätter hat oder daß dort junge, voll entwickelte und absterbende Pflanzen stehen. Wir können mit eigenen Augen Geburt, Wachstum und

Verfall überall um uns herum erkennen. Wir können die Begierde sehr deutlich bei Ameisen, Moskitos und Hunden beobachten. Wir sollten sie nicht als Ärgernis betrachten, sondern als Lehrer. Ameisen, Moskitos und bellende Hunde sind die Art von Lehrer, die uns nicht verlassen, bevor wir nicht die Lektion ganz gelernt haben. Wenn wir alles im Licht von Geburt, Verfall, Tod, Gier, Haß und Verblendung sehen, dann blicken wir in einen Spiegel, um uns selbst zu erkennen. Ein Spiegel, in dem wir nur die äußere Form unseres Körpers sehen, ist ziemlich nutzlos. Wenn wir aber in den Spiegel des Lebens um uns herum hineinblicken, dann sehen wir das *Dhamma*. Jeder von uns bezeugt ständig die Wahrheit des *Dhamma*, wir schenken ihr nur nicht genügend Aufmerksamkeit.

Mit Achtsamkeit können wir feststellen, daß alles Existierende aus den vier Elementen, Erde, Feuer, Luft und Wasser besteht; dann können wir überlegen, worin der Unterschied zwischen uns und allem anderen besteht. Wenn wir ernsthaft üben und alles Leben in dieser Weise betrachten, dann finden wir die Wahrheit genauso um uns herum, wie auch in uns.

Das macht es uns möglich, den Marktplatz hinter uns zu lassen, wo der Geist von einem Gegenstand zum anderen huscht, keinen Augenblick Ruhe hat, entweder träge und gleichgültig oder haßerfüllt und begierig ist. Wenn wir aber das erblicken, was wirklich ist, dann nähern wir uns dem, was der Buddha aus Mitgefühl für alle Wesen lehrte, die im *Saṁsāra* von einem *Dukkha* zum anderen wandern. Er lehrte, damit Menschen wie wir zur Wahrheit erwachen. Wir sollten das, was wir hören und lesen, weder glauben noch anzweifeln, sondern selbst ausprobieren. Wenn wir uns dieser Praxis mit ganzem Herzen verschreiben, dann werden wir feststellen, daß sich unsere Einstellung zum Leben und zum Sterben völlig verändert.

Es ist nötig, daß alles, was wir tun, aus ganzem Herzen geschieht. Wenn wir heiraten und sind nur mit halbem Herzen dabei, dann kann das nicht sehr erfolgreich werden. Eine halbherzige Praxis des *Dhamma* endet in chaotischem Mißverstehen. Die Übung aus ganzem Herzen geschieht aus Hingabe, und der Geist geht dabei weit über das alltägliche Denken und Handeln hinaus.

Ein anderer Aspekt, der mit der Achtsamkeit zusammenhängt, ist die Wissensklarheit. Achtsamkeit vermag zu erkennen, ohne Fähigkeit der Bewertung. Achtsamkeit wertet oder richtet nicht, sondern schenkt volle Aufmerksamkeit. Die Wissensklarheit hat vier Aspekte. Erstens: „Welchen Zweck verfolge ich beim Denken, Sprechen und Handeln?“ Gedanken, Sprache und Handlung sind unsere drei Tore. Zweitens: „Benutze ich die geeignetsten Mittel für meinen Zweck?“ Das erfordert Weisheit und Urteilsvermögen. Drittens: „Sind diese Mittel im *Dhamma* verankert?“ Wir müssen unterscheiden, was heilsam und was unheilsam ist. Der Denkprozeß verlangt unsere vorrangige Aufmerksamkeit, weil Sprechen und Handeln aus ihm hervorgehen. Manchmal meinen die Menschen, daß der Zweck die Mittel heilige. Das stimmt nicht. Beide – die Mittel und der Zweck – müssen mit dem *Dhamma* konform gehen. Beim vierten Schritt muß geprüft werden, ob unser Zweck erreicht worden ist, und falls nicht, warum nicht.

Wenn wir diese Schritte im Geist bewahren, dann verlangsamen wir unsere Reaktionen, was äußerst hilfreich ist. Untätigkeit ist nicht die Antwort, sondern die meditative Qualität des Geistes, die darüber wacht, was wir tun. Wenn wir Achtsamkeit und Wissensklarheit benutzen, dann brauchen wir Zeit zum Nachprüfen. Wachsamkeit verhindert Fehler.

Unser falsches Denken birgt die Gefahr, schlechtes *Karma* zu machen, und führt uns von der Wahrheit weg in einen nebelhaften Geisteszustand. Das *Dhamma* ist direkt, einfach und klar. Es bedarf eines klaren Geistes, um fest in ihm verankert zu sein. Anderenfalls befinden wir uns immer am Rande als interessierte Beobachter, aber nicht als Teilnehmer.

Äußere Achtsamkeit kann sich auch auf andere Menschen richten, aber dabei müssen wir sehr vorsichtig sein. Andere zu sehen und zu erkennen verursacht oft negative Beurteilungen. Wenn wir unsere Achtsamkeit anderen Menschen zuwenden, dann müssen wir bedenken, daß die Verurteilung anderer schlechtes *Karma* für uns schafft. Wir können aber Achtsamkeit mit Mitgefühl kombinieren. Die Beobachtung anderer ist ein populärer Zeitvertreib, aber gewöhnlich mit der Absicht verbunden, Fehler zu entdecken. Jeder, der nicht erleuchtet ist, hat Fehler, selbst der hochentwickelte Nichtwiederkehrer (*Anāgāmi*) hat noch fünf Fesseln abzustreifen. Was ist da über die normalen Weltlinge zu sagen? Andere Menschen als unsere Spiegel zu benutzen, ist sehr hilfreich, weil sie unser eigenes Wesen reflektieren. Wir können in anderen nur das sehen, was wir bereits über uns selbst wissen. Alles andere existiert für uns nicht.

Wenn wir Wissensklarheit mit Achtsamkeit verbinden und unsere Absicht und die anzuwendenden Mittel prüfen, dann werden wir manchen Ärger und Verdruß vermeiden. Wir werden ein Bewußtsein entwickeln, das jeden Tag, jeden Augenblick zu einem Erlebnis macht. Die meisten Menschen fühlen sich bedrückt und belastet. Entweder haben sie zuviel oder zuwenig zu tun; nicht genug Geld, um zu tun, was sie gern möchten, oder sie laufen verzweifelt umher, um sich zu beschäftigen. Jeder möchte den unbefriedigenden Umständen entfliehen, aber die Fluchtwege, die wir wählen, können keine wirkliche innere Freude aufkommen lassen.

Jedoch mit Achtsamkeit und Wissensklarheit kann selbst die Beobachtung eines Baumes faszinierend sein. Das bringt eine neue Dimension in unser Leben, eine Schwungkraft des Geistes, die es uns ermöglicht, das Ganze zu erfassen, statt nur die Einschränkungen durch die Familie, Beruf, Hoffnungen und Träume zu erleben. Auf diese Weise können wir unseren Horizont erweitern, weil wir fasziniert sind von dem, was wir um uns und in uns sehen, und weiterforschen möchten. Es ist nicht »mein« Geist, »mein« Körper, »mein« Baum, sondern es handelt sich nur um Erscheinungen um uns herum, die für uns die bezauberndste und herausforderndste Schule darstellen, die wir überhaupt finden können. Unser Interesse an dieser Schulung wächst, je mehr die Achtsamkeit zunimmt.

Um einen meditativen Geist zu entwickeln, müssen wir unsere Sinne beruhigen. Wir dürfen unsere Sinne nicht verneinen, das wäre töricht, sondern wir müssen sehen, wozu sie da sind. *Māra*, der Versucher, ist kein Bursche mit langem Schwanz und feuerroter Zunge, sondern es sind vielmehr unsere Sinne. Wir beachten kaum, was sie uns antun, wenn sie uns von einer interessanten Aussicht hin zu einem schönen Klang locken und dann wieder zurückführen zu der Aussicht, zu einer Berührung, zu einer Idee. Kein Frieden! Unser ständiges Bestreben besteht darin, einen Augenblick von Vergnügen zu erhaschen.

Ein Sinneskontakt muß sehr flüchtig sein, sonst verwandelt er sich in großes *Dukkha*. Angenommen, wir sind zu einem schönen Essen eingeladen, das außerordentlich gut schmeckt. Wir sagen deshalb zu unserem Gastgeber: „Das sind hervorragende Speisen. Sie schmecken mir ausgezeichnet." Der Gastgeber erwidert: „Ich habe eine Menge davon da, bleiben Sie bitte und essen Sie zwei oder drei Stunden lang!" Wenn wir das täten, dann würden wir nicht nur krank werden, sondern würden auch noch Ekel empfinden. Eine Mahlzeit kann zwanzig oder höchstens dreißig Minuten dauern. Jeder Geschmackskontakt hält nur eine Sekunde an, dann müssen wir kauen und hinunterschlucken. Wenn wir dann das Essen länger im Munde behielten, würde dies sehr unangenehm werden.

Angenommen, es ist sehr heiß und wir möchten eine kalte Dusche nehmen. Wir sagen zu unserem Freund, der draußen wartet: „Jetzt fühle ich mich wohl, das kalte Wasser ist sehr angenehm." Unser Freund antwortet: „Ich habe eine Menge kaltes Wasser, du kannst dich fünf bis sechs Stunden lang duschen." Nichts wie ein absolutes Mißbehagen wäre die Folge. Wir können eine kalte Dusche höchstens zehn oder zwanzig Minuten lang aushalten.

Alles, was lange andauert, schafft *Dukkha*. Alle Sinneskontakte vergehen schnell, da so ihre Natur ist. Das gilt auch für das Sehen; unsere Augen blinzeln ständig. Nur ganz begrenzte Zeit können wir unseren Blick auf etwas richten. Wir können ein schönes Gemälde eine Weile betrachten und es richtig liebgewinnen. Jemand sagt: „Sie können hier stehenbleiben und das Gemälde fünf Stunden lang betrachten; wir schließen das Museum noch nicht." Niemand brächte das fertig. Wir können ein und denselben Gegenstand nicht lange ansehen, ohne gelangweilt zu werden, die Aufmerksamkeit zu verlieren oder sogar einzuschlafen. Sinneskontakte sind nicht nur begrenzend, weil sie uns nicht zufriedenstellen können; sie sind in Wirklichkeit Wellen, die kommen und gehen. Selbst wenn wir entzückende Musik hören, wird sie nach ein paar Stunden unerträglich. Unsere Sinneskontakte spiegeln den Anschein von Befriedigung wider, haben aber keine reale Grundlage dafür. Dies ist *Māra*, der uns ständig irreführt.

Es gibt eine treffende Geschichte von einem Mönch zu der Zeit des Buddha, der das Äußerste an Sinneszügelung erreicht hatte. Ein Ehepaar hatte sich gestritten, und die Frau beschloß davonzulaufen. Sie zog einige ihrer besten Saris an, einen über den anderen, legte ihren gesamten Schmuck an und lief weg. Nach einer Weile bedauerte der Ehemann, daß er sich mit ihr gezankt hatte, und er folgte ihr. Er rannte hierhin und dorthin, konnte sie aber nicht finden. Schließlich begegnete er einem Mönch, der die Straße daherkam. Er fragte den Mönch, ob er eine Frau in einem roten Sari gesehen habe, mit langem schwarzen Haar und viel Schmuck um Hals und Arme. Der Mönch erwiderte: „Ich habe ein Gebiß vorbeigehen gesehen."

Der Mönch hatte der Erscheinung einer Frau mit langem schwarzen Haar, rotem Sari und viel Schmuck keine Aufmerksamkeit geschenkt, sondern nur der Tatsache, daß da ein Mensch mit einem Gebiß vorbeigekommen war. Er hatte seine Sinne soweit beruhigt, daß das Sehen ihn nicht mehr zu einer Reaktion verführen konnte. Ein gewöhnlicher Mensch wäre beim Anblick einer schönen Frau mit schwarzem Haar, rotem Sari und viel Schmuck, die aufgeregt die Straße entlanggelaufen kam, vielleicht veranlaßt worden, ihr zu folgen, oder zumindest zu überlegen, was da vorgeht, und sich eine Meinung zu bilden. Ein Gebiß, das vorbeikommt, ist äußerst ungeeignet, Verlangen oder Projektionen hervorzurufen. Das ist eine totale Beruhigung der Sinne.

Wenn wir einer Schlange begegnen, dann ist sie kein Objekt für Widerwillen oder zur Vernichtung, sondern nur ein Lebewesen, das unterwegs ist. Das ist alles. Da müssen wir nichts tun und nicht darauf reagieren. Wenn wir allerdings daran denken, daß eine Schlange uns töten könnte, dann kann der Geist natürlich heftig in Wallung kommen, wie es der Geist des Mönchs getan haben würde, wenn er gedacht hätte: „Oh, was für eine schöne Frau!"

Wenn wir immer wieder über unsere Sinne wachen, wird dies zur Gewohnheit und nicht mehr so schwierig, und das Leben wird immer friedvoller. Die Welt, wie wir sie kennen, besteht aus unendlicher Vielfalt. Überall gibt es verschiedene Farben, Formen, Wesen und Pflanzen. Jede Baumart hat Hunderte von Unterarten. Die Natur vervielfältigt sich. Wir alle haben unterschiedliches Aussehen. Wenn wir unsere Sinne nicht bewachen, dann wird die Vielfalt in der Welt Leben nach Leben Anziehungskraft auf uns ausüben. Da gibt es zu viel zu sehen, zu tun, zu wissen und zu reagieren. Da wir niemals damit zu einem Ende kommen werden, könnten wir genausogut heute schon aufhören und stattdessen uns selbst beobachten und befragen.

Einen meditativen Geist können wir durch Achtsamkeit, Wissensklarheit und Beruhigung der Sinne erlangen. Diese drei Aspekte sind im täglichen Leben zu praktizieren. Frieden und Harmonie werden daraus resultieren, und unsere Meditation kann sich entfalten.

II

Geeignete Mittel

Geist und Körper sind die zwei Aspekte unserer Existenz. Wir sind beiden Aufmerksamkeit schuldig, wobei Meditation eine geistige und keine körperliche Übung ist.

Einige der häufigsten Fragen sind: „Wie erlerne ich das Sitzen?“ und „Wie bekomme ich dabei keine Schmerzen?“ Das wird nur durch wiederholte Übung möglich. Zu Beginn sitzt der Körper nicht gern mit gekreuzten Beinen auf dem Boden.

Wir können diese Situation als ein geeignetes Mittel benutzen. Wenn im Körper Unbehagen auftritt, dann lernen wir, auf die Reaktion des Geistes zu achten und uns nicht automatisch zu bewegen. Alle Menschen in der Welt versuchen, durch eine instinktive, unmittelbare Reaktion jeglicher Art von Unbehagen aus dem Weg zu gehen. Es ist nicht so, daß wir dem Unbehagen nicht aus dem Weg gehen dürfen, aber um der Meditation eine Chance zu geben, müssen wir lernen, unsere instinktiven, unmittelbaren Reaktionen zu vermeiden. An ihnen liegt es, daß wir immer wieder *Dukkha* erleben.

Wenn ein unangenehmes Gefühl aufkommt, dann ist es wichtig zu erkennen, was im Inneren vor sich geht. Wir bemerken, daß da ein Sinneskontakt stattfindet, in diesem Fall eine Berührung. Der Körper stellt einen Kontakt her; die Knie mit dem Kissen, die Beine miteinander, verschiedene Berührungen finden statt. Durch alle Sinneskontakte entstehen Gefühle. Da gibt es kein Ausweichen, so sind Menschen beschaffen. Der Buddha lehrte das Gesetz von Ursache und Wirkung, daß z.B. abhängig von jedem Sinneskontakt Gefühle resultieren. Es gibt drei Arten von Gefühlen: angenehme, unangenehme und neutrale. Wir können die neutralen im Moment einmal vergessen, weil wir sie kaum wahrnehmen. Neutral wird in der Tat als angenehm betrachtet, weil es wenigstens nicht wehtut. Von diesem speziellen Berührungskontakt, der durch die Sitzhaltung hervorgerufen wird, entsteht nach einer Weile ein unangenehmes Gefühl. Die unmittelbare Reaktion ist, daß wir uns bewegen. Stattdessen sollten wir aber unsere Reaktion untersuchen. Wenn wir unseren eigenen Geist kennenlernen, dann lernen wir dabei die Welt und das Universum kennen.

Jeder Geist enthält den Samen der Erleuchtung. Solange wir unseren Geist nicht kennen, können wir diesen Samen nicht entwickeln und kultivieren. Hier ist der Geist mit einem unangenehmen Gefühl in Kontakt gekommen, unsere Wahrnehmung sagt: „Das ist schmerzhaft." Unser nächster Schritt sind dann die Geistesformationen, die auch *Karma*-Formationen sind, weil wir *Karma* durch unseren Denkprozeß schaffen. Zuerst kommt der Sinneskontakt, als zweites entsteht das Gefühl, dann die Benennung durch die Wahrnehmung, der die Reaktion folgt. Im Moment der Abneigung erfolgt die Flucht durch Änderung unserer Sitzhaltung. Dabei wird *Karma* gemacht. Es ist ein leicht negatives *Karma*, aber dennoch negativ, weil der Geist in einem Zustand von Ablehnung ist und sagt: „Ich mag das nicht."

Der Geist könnte nun mit allen möglichen Erklärungen kommen: „Ich wünschte, daß ich meinen kleinen Stuhl mitgebracht hätte", „Ich kann so nicht sitzen", „In meinem Alter sollte ich solche Sachen nicht machen", „Meditation ist zu schwierig". Keine dieser Erklärungen hat eine wirkliche Gültigkeit, sie sind nur unsere geistigen Reaktionen auf ein unangenehmes Gefühl. Wenn wir uns nicht mit unseren geistigen Reaktionen bekannt machen, benutzen wir die Meditation nicht in der vorteilhaftesten Weise.

Nachdem wir das unangenehme Gefühl kennen, können wir nun versuchen, uns mit seiner wahren Natur bekanntzumachen. Unser ganzes Leben leben wir gemäß unserer Gefühle. Wenn wir uns nicht unserer Reaktionen auf die Gefühle bewußt werden, dann bleiben wir in einem Halbschlaf. Das Wunder der Achtsamkeit liegt darin, daß wir wissen, was in unserem Inneren vorgeht. Wenn wir erkannt haben, daß wir das unangenehme Gefühl loswerden wollen, dann können wir den Versuch unternehmen, es für einen Augenblick nicht als unser eigenes zu betrachten. Nur der Erleuchtete ist in der Lage, ganz ohne Anhaftung zu sein, aber wir können es eine kurze Zeit versuchen. Das unangenehme Gefühl ist ohne unser Dazutun aufgekommen, und wir brauchen deshalb nicht zu glauben, daß es uns gehört. Wir können es einfach als Gefühl ansehen.

Wenn wir das einen Augenblick tun, dann können wir zu dem Meditationsobjekt zurückkehren, und wir haben einen Sieg über unsere eigenen negativen Reaktionen errungen. Ansonsten lassen wir unsere unangenehmen Gefühle mit uns umspringen, wie sie wollen. Die ganze Menschheit läuft angenehmen Gefühlen hinterher und vor unangenehmen davon. Solange wir nicht einmal das erkannt haben, besitzen wir keinen Ansatzpunkt für eine innere Veränderung. Es ist vielleicht noch nicht möglich, diese Reaktion aufzugeben, aber wenigstens haben wir erkannt, was geschieht. Nachdem uns die Absicht unseres Geistes klargeworden ist, steht es uns frei, uns zu bewegen und unsere Sitzstellung zu verändern. Es ist nichts Schlimmes daran, wenn wir unsere Sitzstellung verändern, aber unsere instinktiven und impulsiven Gewohnheiten müssen wir kennenlernen.

Meditation bedeutet totale Bewußtheit. Wachheit ist nicht das Gegenteil von Schlafen, sondern das Gegenteil von Dumpfheit und Vernebeltsein. Solche Geisteszustände hängen zumeist damit zusammen, daß wir nicht bereit sind, unser eigenes *Dukkha* anzuschauen. Wir wollen uns lieber im Nebel verstekken. In der Meditation ist das sinnlos. Der Buddha hat gesagt, daß dieser Körper ein Krebs sei; der Körper als ganzes sei eine Krankheit, und wir können das erleben, wenn es uns schon beim stillen Sitzen unbequem wird. Meditation bedeutet *Samatha* und *Vipassanā*, Ruhe und Einsicht. Solange wir nicht die Grenzen und Möglichkeiten beider Meditationswege kennen, können wir nicht die besten Resultate erzielen. Wir wenden generell beide in jeder Meditationssitzung an, aber wir müssen in der Lage sein, zwischen ihnen zu unterscheiden. Wenn kein Verständnis dafür da ist, was im Geist vor sich geht, dann senkt sich der Nebel auf ihn herab.

Jeder möchte Frieden, Glück und Seligkeit erleben. Das ist ein natürlicher Wunsch. In der Meditation wird dies mit viel Übung und einigem guten *Karma* möglich. Aber diese Gefühle sind nicht das Ziel der Meditation. Das Ziel der Meditation ist Einsicht. Wir brauchen jedoch geeignete Mittel, um Einsicht zu gewinnen, und diese finden wir in der Ruhe-Meditation.

Nach einiger Zeit der Übung kann der Geist beim Meditationsobjekt verweilen. Setzen wir einmal voraus, daß der Geist sich wenigstens für kurze Zeit auf den Atem konzentrieren kann, dann merken wir nachher, daß Frieden in uns aufgekommen war, weil der Geist nicht mit Denken beschäftigt war. Der Denkprozeß in jedem Geist ist kaum tiefgehend. Es ist einfach Denken. So wie der Körper atmet, so wirbeln im Geist die Gedanken. Meistens sind es belanglose, unwesentliche und unwichtige Einzelheiten, ohne die wir viel glücklicher wären.

Der Geist, in seiner ursprünglichen Form, ist rein. Er ist hell und klar, leuchtend, geschmeidig und dehnbar. Unser Denken bedeutet dagegen Verunreinigung und Blockierung. Es gibt kaum einen Menschen, der nicht den ganzen Tag denkt, wahrscheinlich ohne sich dessen bewußt zu sein. Aber wenn wir zu meditieren beginnen, dann werden wir dieser inneren Rastlosigkeit gewahr.

Wir stellen fest, daß wir nicht bei dem Meditationsobjekt bleiben können, weil wir denken, statt zu meditieren. In dem Augenblick, in dem uns unsere Denkgewohnheit offenbar wird (sogar dies braucht Zeit, bis wir es erkennen), geschehen zwei Dinge. Wir werden der Aktivität des Geistes bewußt und auch der Inhalte unserer Gedanken. Wir erkennen sofort, daß unser Denken belanglos ist und wenig oder gar keinen Sinn macht. Deshalb können wir es ziemlich leicht fallenlassen und zum Meditationsobjekt zurückkehren. Wir müssen lernen, zurückzutreten und den Denkprozeß zu beobachten, ohne uns in die Gedanken zu verwickeln. Sonst denken wir eben, anstatt zu meditieren.

Der Geist ist das großartigste und feinste Werkzeug, das im Universum existiert. Alle von uns haben es, aber die wenigsten behandeln ihn richtig. Praktisch jeder ist sehr interessiert, sich um seinen Körper zu kümmern. Essen, schlafen, waschen, körperliche Übungen, den Arzt aufsuchen, wenn der Körper krank ist, Haare und Nägel schneiden, die Zähne plombieren, alles wird getan, damit der Körper so gut wie möglich funktioniert. In Wahrheit ist der Körper der Bedienstete (der Arbeitnehmer) und der Geist der Arbeitgeber. So kümmern wir uns um den einen und vergessen dabei den Wichtigeren. Wenn wir dies in unserem eigenen Heim oder Beruf täten, würden wir Chaos schaffen. Das ist einer der Gründe, warum es in der Welt so zügellos zugeht. Die Menschen töten einander und bestehlen sich, sind untreu, lügen, sie schwatzen und verleumden einander. Die meisten haben absolut keine Ahnung, daß der Geist unser wertvollstes Gut ist. Er schenkt uns unvergleichlichen Reichtum und doch wissen wir nicht, wie wir uns um ihn kümmern sollen.

Wir müssen genau das gleiche für den Geist tun, was wir auch für den Körper tun. Wir müssen ihm Ruhe gönnen. Wenn wir uns vorstellen, wir würden drei oder vier Tage nicht schlafen. Wie würden wir uns dann fühlen? Ohne Energie, ohne Kraft, also recht miserabel. Der Körper braucht Ruhe, aber der Geist auch. Am Tage denkt er, und nachts träumt er. Er ist immer beschäftigt. Die einzig wirkliche Ruhe, die er je bekommen kann, die Energie spendet und die nötige Stärkung gibt, um klar und leuchtend zu werden, liegt darin, beim Meditationsobjekt zu verweilen.

Der Geist braucht eine gründliche Reinigung, was Läuterung bedeutet. Diese findet statt, wenn durch einspitzige Konzentration alles Denken für eine Weile aufhört. Ein Augenblick der Konzentration bedeutet einen Augenblick der Läuterung. Zu der Zeit kann der Geist kein Übelwollen, sinnliches Verlangen oder irgend etwas anderes Negatives enthalten. Wenn die Konzentration aufhört, dann kehrt der Geist wieder zu seinem üblichen Verhalten zurück. In der Meditation können wir feststellen, daß uns ein geläuterter Geist glücklich macht, und ganz natürlich wollen wir diesen Läuterungsprozeß auch im täglichen Leben fortführen.

Der Geist braucht die Art der Übung, die nicht auf Gewinn oder Leistung ausgerichtet ist, sondern nur auf Gehorsam. Wenn wir den Geist auffordern, bei dem Meditationsobjekt zu bleiben, er jedoch von ihm wegläuft, wissen wir sogleich, daß wir unseren Geist noch nicht unter Kontrolle haben, sondern daß der Geist macht, was er will. Wenn wir das erkannt haben, dann werden wir wahrscheinlich weniger unseren Ansichten und Meinungen glauben, besonders, wenn sie unheilsam sind, weil wir verstehen, daß unser Geist einfach gewohnheitsmäßig denkt. Nur durch den Meditationsprozeß können wir uns dessen bewußt werden.

Der Geist benötigt ebenfalls die rechte Art von Nahrung. Weil wir in der Meditation höhere Bewußtseinsebenen erreichen können, sind wir dadurch in der Lage, den Geist in einer Weise zu nähren, die durch das gewöhnliche Denken nicht möglich wäre. Ruhe-Meditation führt den Geist in Bereiche, die uns sonst völlig unzugänglich sind. Glück und Frieden entstehen in uns, ohne von äußeren Bedingungen abhängig zu sein, was uns eine neue Freiheit gibt.

Der Geist jedes Menschen enthält den Samen von *Nibbāna*. Wir brauchen Übung, um zu erkennen, was unseren Blick trübt. Dann kann der Samen der Erleuchtung kultiviert und zu vollem Wachstum gebracht werden. Weil unser Geist dieses Potential hat, enthält er auch den Frieden und das Glück, das sich jeder wünscht. Die meisten Menschen versuchen durch den Erwerb materieller Dinge Erfüllung zu finden, indem sie sie sehen oder berühren, essen oder besitzen und versuchen, immer mehr davon zu bekommen und sicherzustellen.

Diese Abhängigkeit ist eine Garantie für *Dukkha*. Solange wir von äußeren Bedingungen abhängig sind, ob von Menschen, Erlebnissen, Ländern, Religionen, Reichtum oder Ruhm, sind wir in ständiger Furcht, unseren Halt unter den Füßen zu verlieren, weil sich alles wandelt und verschwindet. Der einzige Weg, durch den wir echten Frieden und wahres Glück erleben können, ist die Unabhängigkeit von allem um uns herum. Das bedeutet, Zugang zur Reinheit unseres Geistes ohne Denken gefunden zu haben, was durch ein längeres Verweilen auf unserem Meditationsobjekt eingeleitet wird, so daß sich unser Bewußtsein wandeln kann. Das Denkbewußtsein ist das Bewußtsein, das wir alle kennen. Es enthält das ständige Auf und Ab, entweder Zuneigung oder Abneigung, Wünsche für die Zukunft oder Reue über die Vergangenheit, Hoffnung auf bessere Tage oder Erinnerung an schlechte. Es ist immer in Sorge und wir können nicht erwarten, daß es je völlig friedlich werden kann.

Wir sind auch mit einem anderen Bewußtsein vertraut, wenn wir z.B. jemanden sehr lieben. Diese Emotion verändert unser Bewußtsein, so daß wir nur unsere Herzensqualität manifestieren. Wir kennen ein anderes Bewußtsein, wenn wir an religiösen Aktivitäten teilnehmen, die Frieden und Vertrauen in uns auslösen, oder wir geben uns völlig einem Ideal hin. Aber nichts davon ist von Dauer und alles hängt von äußeren Bedingungen ab. Durch Meditation kann unserem Bewußtsein die innere Reinheit zugänglich werden, die wir alle besitzen und die nur durch das Denken verdunkelt ist. Dabei stellen wir fest, daß so ein unabhängiger Frieden und ein solches Glück nur möglich sind, wenn »mir« und »mein« für einen Moment vergessen sind, wenn der Gedanke, daß »Ich« glücklich werden möchte beseitigt ist. Es ist unmöglich, Frieden zu erleben, wenn wir über unser »Ich« nachdenken. Das kann uns eine erste Ahnung davon geben, was der Buddha meinte, wenn er sagte, daß das Nicht-Ich (*anattā*) der Weg aus *Dukkha* heraus ist.

Da es für den Geist schwierig ist, auf dem Meditationsobjekt zu verweilen, müssen wir alles, was aufsteigt, für Einsicht benutzen. Eines Tages wird der Geist ganz klar und geschärft und nicht länger durch äußere Vorkommnisse, wie Geräusche und Gedanken, abgelenkt, was die häufigsten Hindernisse sind. Dann ist tiefe Konzentration erreicht.

Wenn unangenehme Gefühle aufkommen, dann wollen wir sie für Einsicht benutzen. Wir haben diese Gefühle nicht eingeladen – wieso gehören sie dann uns? Sie sind auf jeden Fall veränderlich, sie können stärker oder schwächer werden, sie ändern ihre Position und sie geben uns einen sehr guten Hinweis, daß der Körper *Dukkha* ist.

Der Körper tut nichts anderes als dazusitzen, und doch haben wir *Dukkha*, aus dem einfachen Grund, weil wir die Gefühle, wie sie sind, nicht mögen. Wenn wir die unangenehmen Gefühle benutzen, um die erste und zweite Edle Wahrheit zu erkennen, dann kommen wir dem *Dhamma* in unserem Herzen näher.

Die erste Edle Wahrheit ist die Edle Wahrheit von *Dukkha*, die zweite die Ursache von *Dukkha*, nämlich Begehren. In diesem Fall bezieht sich unser Begehren darauf, die unangenehmen Gefühle loszuwerden. Wenn wir die Gefühle völlig akzeptieren würden, ohne ein Werturteil zu fällen, dann hätten wir kein *Dukkha*.

Wir können versuchen, dieses Verlangen für einen Moment loszulassen; jeder mit etwas Willenskraft vermag das zu tun. Die Gefühle akzeptieren, wie sie gerade sind, ohne jegliche Ablehnung. In eben diesem Moment gibt es kein *Dukkha*. Dies ist eine tiefe Erfahrung der Einsicht, weil es erhaben über jeden Zweifel zeigt, daß *Dukkha* verschwindet, wenn wir unsere Wünsche aufgeben. Wenn sich der Körper unwohl fühlt, dann ist es natürlich schwer, das Verlangen danach aufzugeben, diese Unannehmlichkeit loszuwerden. Aber jeder kann das für einen Augenblick tun, und es ist eine wesentliche und grundlegende Erfahrung des *Dhamma*.

Wenn wir in der Lage sind, unsere Denkprozesse zu beobachten, dann stellen wir fest, daß unser Geist ständig mit Denken beschäftigt ist. Es mag fünf bis zehn Minuten dauern, bis jemand, der zuvor keine Meditation praktiziert hat, dies bemerkt. Bei einem erfahrenen Meditierenden geschieht dies in nur ein oder zwei Sekunden. Dann vermögen wir zu sehen, welcher Art von Denken wir uns hingeben, und je öfter wir das erkennen, desto weniger werden wir davon mitgerissen. Wir werden uns der Tatsache bewußt, daß der menschliche Geist so funktioniert, nicht nur der unsrige, sondern bei jedem, und erkennen die Wahrheit über den Geist. Da gibt es nichts weiter zu sehen als dies. Wenn wir beobachten, daß das Denken weitergeht und wie belanglos es ist, dann ist es viel leichter, uns nicht ständig darauf einzulassen. Wir sehen auch, wie flüchtig Gedanken sind, wie sie die ganze Zeit kommen und gehen. Durch eigene Erfahrung wissen wir dann, daß wir kein Glück in etwas so kurzlebigem finden werden, obwohl die ganze Welt versucht, auf diesem Weg Glück zu erhaschen. Wir können uns nicht einmal erinnern, was wir eben noch gedacht haben. Wie könnte darin Glück liegen? Solche Einsichten machen es möglich, die Ablenkungen fallenzulassen und zum Meditationsobjekt zurückzukehren.

Wir benutzen die beiden Wege von Ruhe und Einsicht in Verbindung miteinander. Wenn sich Ruhe wirklich eingestellt hat, dann entsteht Einsicht spontan. Es ist wichtig zu beachten, daß Ruhe-Meditation unentbehrlich ist. Es kommt nicht darauf an, ob einige Menschen sie mögen und andere nicht.

Wenn der Ozean hohe Wellen schlägt und wir in das Meer hineinblicken wollen, um zu sehen, was es dort gibt, dann können wir überhaupt nichts erkennen, weil sich die Wogen hoch auftürmen. Es ist zu viel Bewegung, alles ist aufgewühlt, und nichts ist zu erkennen. Wenn die Wellen nachlassen, und die Oberfläche des Ozeans ruhig und durchsichtig wird, dann können wir unter die Wasseroberfläche blicken und Sand, Korallen und bunte Fische erkennen. Das gleiche geschieht im Geist. Wenn sich im Geist all die

Wogen und Regungen des Denkens auftürmen, dann ist es unmöglich, die absolute Wahrheit zu erkennen. Im Gegenteil, der Geist weigert sich, sich über das gewöhnliche Wissen hinauszuwagen. Aber wenn der Geist ganz ruhig wird, dann gibt es keine Werturteile und wir können leicht erkennen, was sich unter der Oberfläche befindet.

Um die Lehre des Buddha zu verstehen, müssen wir unter die Oberfläche tauchen, sonst bleiben unsere Einsichten nur oberflächlich. Der ruhige Geist ist das Mittel, um tiefer und tiefer nach Wahrheit zu forschen. Während wir uns bemühen, ruhig zu werden, prüfen wir objektiv alles, was auftaucht, so daß immer mehr Motivation entsteht, das Denken aufzugeben. Je weniger wir unseren Gedanken glauben und von ihnen erwarten, desto glücklicher werden wir sein, sie loszulassen. Dann beginnen wir zu ahnen, was innerer Frieden und Glück bedeuten.

Diese inneren Gefühle werden am deutlichsten in der Meditation spürbar, können aber auch in einer gemäßigteren Form in das tägliche Leben übertragen werden, vor allem deshalb, weil der Geist weiß, daß er jederzeit in der Meditation zu Frieden und Glück zurückkehren kann, ohne von irgendeiner Situation oder von irgendeinem Menschen abhängig zu sein. Weltliche Angelegenheiten haben nicht länger den früheren Stachel in sich, sie geschehen eben, das ist alles, genauso wie Gedanken und Gefühle kommen und gehen, ohne einen Besitzer oder Verursacher.

III

Wach und bewußt

Es ist wichtig, daß wir unsere eigenen Erfahrungen machen und nicht nur etwas glauben. Um das zu erreichen, müssen wir gut aufpassen. In der berühmten und oft zitierten *Kālāma Sutta* gibt der Buddha zehn Punkte, die nicht als Kriterien geeignet sind, um einem Lehrer oder einem spirituellen Pfad zu folgen. Alle haben mit einem Glaubenssystem zu tun, aufgrund einer Tradition oder heiligen Schriften. Nicht zu glauben, sondern selbständig zu erkennen, lautet die oft wiederholte Mahnung des Buddha. Wenn wir das nicht tun, können wir keine innere Schau haben, die der erste Schritt ist, der uns auf den edlen Pfad führt.

Eine innere Schau ist ein erkanntes Erleben. Ohne diese kann Einsicht nicht aufkommen. Das gilt für geringfügige Dinge des täglichen Lebens, ebenso wie für das tiefste und gründlichste Verstehen der Lehre des Buddha. Wenn zum Beispiel irgend jemand auf uns nicht gut zu sprechen ist und wir verstehen nicht warum, dann werden wir diese gleiche Disharmonie immer wieder erleben. Wir müssen erkennen, daß wir irgend etwas gesagt oder getan haben, was dieses Mißfallen hervorgerufen hat. Das ist eine Kleinigkeit, die uns aber die Notwendigkeit zeigt, daß wir aus Erfahrungen lernen müssen.

Wenn wir meinen, daß dieses Geschehen außerhalb von uns abläuft, dann können wir unsere Haltung nicht ändern. *Dhamma*-Praxis bedeutet, daß wir uns ständig ändern, um dem Erhabenen näherzukommen. Wenn eine innere Veränderung nicht möglich wäre, dann hätte der Buddha ein Leben lang vergebens gelehrt.

Wenn wir nicht jedem Detail völlige Aufmerksamkeit widmen, dann können wir uns nicht zu dem Erhabenen hinwenden. Aufmerksamkeit auf jede Einzelheit ist der Kern der Achtsamkeit. Den meisten Menschen fehlt die Übung und auch die Anweisung, wahrhaft achtsam zu sein. Es ist eine Sache, darüber zu lesen, aber eine völlig andere, es zu tun. Achtsamkeit ist die Essenz von Verstehen, denn ohne sie kann es keinen Einblick in das Innerste jeder Erscheinung geben.

Die Betrachtung des Atems bedeutet »genau zu erkennen« und gehört zur ersten Grundlage der Achtsamkeit, Betrachtung des Körpers (*kayânupassanā*). Achtsamkeit enthält keinerlei Beurteilung, ist weder Unterscheidung noch Phantasie. Achtsamkeit erkennt, ob Konzentration besteht oder ob sie nicht da ist, ob der Geist davonläuft oder ob der Geist friedvoll ist. Vollkommene Achtsamkeit erkennt jeden Augenblick, was geschieht.

Wenn wir auf unsere Gefühle achten und nicht auf sie reagieren, sondern sie nur beobachten, dann wenden wir die zweite Grundlage der Achtsamkeit an:

vedanânupassanā (Achtsamkeit auf das Gefühl). Wenn wir wissen, daß Gedanken hochkommen und uns zu überschwemmen drohen, dann ist das *cittânupassanā* (Achtsamkeit auf die innere Stimmung), und wenn wir wissen, was der Inhalt der Gedanken ist, dann ist das *dhammânupassanā* (Achtsamkeit auf die Geistesobjekte). Wenn wir nicht aufpassen, dann sind wir nicht wirklich wach. Wir müssen jederzeit bereit sein, klare Aufmerksamkeit auf eine dieser Grundlagen zu richten.

Es ist möglich, daß der Geist in der Meditation konzentriert wird. Wenn dann ein Gefühl von Frieden aufkommt, sollen wir uns das verdeutlichen. Solange wir nicht wissen, was geschieht, können wir uns nicht weiterentwickeln, weil wir nicht wissen, woran wir sind. Dies ist ein wichtiger Bestandteil der Meditation, daß wir genau wissen, was vor sich geht, und es hinterher in Worten ausdrücken können. Das Verbalisieren ist das erkannte Erleben und geschieht natürlich nach der Erfahrung. Das gilt für jeden Geisteszustand und für jedes Gefühl.

Das *Dhamma* ist die in Worte gekleidete Erfahrung des Buddha. Wenn wir das mit unseren eigenen Erfahrungen nicht können, dann haben wir es nur mit einem Glaubenssystem zu tun, das den Geist abstumpfen kann. Aber Meditation ist dazu da, den Geist zu schärfen. Der achtsame Geist ist wie eine geschliffene Axt mit einer scharfen Klinge, die all unsere Illusionen durchtrennen kann. Wenn wir meditieren, können wir alle Störungen in unserem Geist kennenlernen: den dumpfen Geist, der nicht weiß, was vor sich geht, oder den schläfrigen Geist, den abgelenkten oder den widerstrebenden Geist, der nicht gehorchen will. Das ist Achtsamkeit auf die Geistesobjekte.

Wie die meisten Menschen haben auch wir einen labilen Geist, der darauf ausgerichtet ist, dem Unangenehmen zu widerstreben und sich nach dem Angenehmen zu sehnen, so daß es schwer ist, dieses Muster zu verändern. Wenn wir uns ertappen, daß wir uns gegen Unangenehmes wehren und das Angenehme suchen, dann können wir davon ausgehen, daß dies ein normales Verhaltensmuster ist. So funktioniert dieses kleine Raumschiff Erde und so arbeitet unsere Ökonomie.

Kennen Sie irgend jemanden, der dadurch sehr glücklich geworden ist? Es ist ein unmögliches Unterfangen, ein garantierter Mißerfolg, aber trotzdem versucht es jeder.

Wir haben es alle schon lange genug versucht, wir können es nun einmal aufgeben, zumindest in der Zeit, in der wir meditieren. Es ist jedoch möglich, *Dukkha* loszuwerden, aber nicht durch das Entfernen von unangenehmen Empfindungen, sondern nur indem wir unsere Reaktionen auf sie loswerden. Das ist der erste wichtige Zugang zum spirituellen Pfad. Solange wir dies nicht völlig verstehen, kommen wir mit dem Rest auch nicht zurecht. Wir können die Unbehaglichkeit beim Sitzen oder die Mücken oder irgend etwas anderes Unangenehmes, das uns widerfährt, nicht verbannen. Alle Beurteilungen gehen vom Geist aus und deshalb reagiert auch der Geist auf sie.

Dukkha verschwindet, wenn unsere Reaktionen verschwinden.

Solange wir nicht wissen, daß wir die Schöpfer unseres eigenen *Dukkha* sind, bleibt das *Dhamma* ein Mysterium. Wir beginnen mit der Praxis, wenn wir nicht länger unsere Umgebung, andere Leute, die politische Situation, die Wirtschaft oder das Wetter anklagen, sondern nur unsere eigenen Reaktionen betrachten. Natürlich sind unsere Reaktionen nicht sofort nur vorteilhaft und heilsam. Das braucht eine Weile. Aber wenigstens können wir anfangen, uns besser kennenzulernen.

Achtsamkeit muß nicht nur in unserer Meditation angewandt werden, sondern jederzeit, wenn wir uns bewegen, fühlen oder denken. Solange wir wach sind, muß Achtsamkeit unser Hauptziel sein. Mit der Zeit müssen wir mit uns selbst klarkommen. Erst dann wird die Welt eines Tages Sinn machen. Das Universum ist dieser Geist und Körper. Wir finden heraus, was dieser Geist und dieser Körper bedeuten, und wir werden das Universum und seine zugrundeliegende Wahrheit erkennen. Alles ist ganz deutlich das gleiche, aber wir müssen das auch durch inneres Erfahren bestätigen können.

Wenn wir aus der Meditation herauskommen, dann sollten wir bemerken, wie wir unsere Augen öffnen, unseren Körper bewegen, und was wir sonst noch tun. Warum? Es bewahrt uns davor, unheilsame, negative Gedanken aufkommen zu lassen. Dies fördert die Meditation. Der Geist muß in Schach gehalten werden, und wir dürfen ihm nicht freien Lauf lassen. Der gewöhnliche ungeübte Geist ist wie ein wilder Stier, der in einem Garten herumrast. Er kann im Nu ein großes Durcheinander anrichten. Dasselbe bringt unser Geist fertig. Er richtet ein furchtbares Durcheinander in dieser Welt an. Um das zu wissen, brauchen wir nicht einmal die Zeitung zu lesen. Es ist überall zu sehen und wird von unserem eigenen Geist hervorgerufen.

Das gilt für alle von uns, die Erleuchteten ausgenommen. Ein ungezähmter Geist kann nicht meditieren. Er muß eingefangen, im Zaum gehalten werden und ihm muß ein Halfter umgelegt werden. Jedes Mal, wenn er wegläuft, holen wir ihn durch Achtsamkeit zurück. Wie ein wildes Pferd müssen wir ihn zähmen, denn in seiner Wildheit kann er keinem nützlich sein. Wenn ein Pferd gezähmt worden ist, kann es äußerst hilfreich sein. Wieviel mehr gilt das für den Geist!

Achtsamkeit auf den Körper bedeutet, daß wir unsere Bewegungen in allen Einzelheiten kennen. Wenn wir uns selbst beobachten, dann werden wir erkennen, daß wir aus Geist und Körper bestehen. Der Geist gibt die Befehle und der Körper befolgt sie. Wir können aber auch feststellen, daß der Körper manchmal nicht gehorchen kann, weil er zu schwach ist. Das ist der erste Schritt der Einsicht; wissen, daß es Geist und Körper gibt, und daß der Geist wichtiger ist. Der Unterschied zwischen einem geübten und einem ungeübten Menschen besteht im erkannten Erleben. Achtsamkeit, die sich auf die Körperbewegungen richtet, weitet sich auch auf die anderen

Aspekte der Achtsamkeit aus. Wenn wir zum Beispiel an die Zukunft denken, dann schenken wir dem Körper keine Aufmerksamkeit mehr; statt dessen können wir die Aufmerksamkeit auf den Denkprozeß richten. Wir wissen, daß wir denken und dabei *Karma* machen. Die Gedanken sind sowohl die Geistesformationen, als auch die *Karma*-Formationen. Wir sind die Eigentümer unseres *Karma*. Was immer wir denken, das werden wir sein. Das ist ein unpersönlicher Prozeß, der nichts mit einer individuellen Wesenheit zu tun hat.

Dann können wir des Inhalts unserer Gedanken gewahr werden, nämlich erkennen, ob er heilsam ist oder nicht. Wir können lernen, jegliches negative Denken fallenzulassen und es mit Positivem zu ersetzen. Dabei kommt uns unsere Meditationsübung zugute, die wir in unsere äußeren Aktivitäten miteinbeziehen müssen. Wenn wir in der Meditation auf den Atem achten und ein Gedanke drängt sich dazwischen, dann lernen wir, den Gedanken loszulassen und zum Atem zurückzukehren. Denselben Vorgang können wir im täglichen Leben anwenden, um unheilsame Gedanken loszulassen. Wir ersetzen sie mit einem heilsamen Gedanken, genau wie wir in der Meditation die Achtsamkeit wieder auf den Atem lenken.

Achtsamkeit auf die Gedankeninhalte hat der Buddha die »vier großen Anstrengungen« (*padhāna*) genannt. Sie lauten:

1. Einen unheilsamen Gedanken, der noch nicht aufgekommen ist, nicht aufkommen lassen.

2. Einen unheilsamen Gedanken, der bereits aufgekommen ist, nicht weiterführen.
3. Einen heilsamen Gedanken, der noch nicht aufgekommen ist, aufsteigen lassen.
4. Einen heilsamen Gedanken, der schon aufgekommen ist, weiterführen.

In Kurzform:
Vermeiden – Überwinden – Entfalten – Erhalten.

Sie stellen den Kern des Läuterungsprozesses dar. Der spirituelle Pfad ist der Pfad der Läuterung und hängt von Achtsamkeit ab. „Es gibt nur einen Weg zur Läuterung von Wesen, zur Überwindung von *Dukkha*, zur endgültigen Beseitigung von Schmerz, Kummer und Sorgen, zum Eintritt in den edlen Pfad zur Verwirklichung des *Nibbāna*, und das ist Achtsamkeit." (Worte des Buddha) Die Übung der Läuterung ist nicht nur für den eigenen Geistesfrieden und als Beitrag für den Weltfrieden wichtig, sondern ist auch die Grundlage für unsere Meditation.

Die Hoffnung, daß wir uns auf ein Kissen setzen, den Atem betrachten und sofort konzentriert werden, beruht auf Phantasie. Wir müssen den Geist dafür in die richtige Verfassung bringen. Deshalb müssen wir diese vier großen Anstrengungen nicht nur üben, wenn wir meditieren, sondern auch im täglichen Leben. Wir werden dann den inneren Frieden finden, nach dem sich jeder sehnt, und den nur sehr wenige Menschen erleben.

Die erste Anstrengung liegt darin, einen unheilsamen Gedanken, der noch nicht aufgestiegen ist, nicht aufkommen zu lassen. Ein Gedanke, der noch nicht formuliert ist, schickt Gemütswellen voraus. Zu erkennen, daß diese Wellen nichts Gutes ankündigen, bedarf viel Aufmerksamkeit und Übung. Die zweite Anstrengung, einen unheilsamen Gedanken, der aufgekommen ist, nicht weiterzuführen, kann von jedem, der guten Willens ist, ausgeübt werden, wenn es einem klar ist, daß niemand anderes daran Schuld ist. Unheilsames Denken ist nicht auf einen äußeren Anlaß zurückzuführen, sondern entspringt direkt aus unseren eigenen Verunreinigungen.

Der dritte Schritt, einen heilsamen Gedanken aufkommen zu lassen, der noch nicht aufgestiegen ist, heißt, daß wir ständig über unseren Geist wachen und positive, heilsame Gedanken bestärken müssen, selbst unter den schwierigsten Umständen.

Schließlich gilt es, einen heilsamen Gedanken, der bereits vorhanden ist, weiterzuführen. In der Meditationsübung betrifft es unser Meditationsobjekt, aber im täglichen Leben sind unsere Reaktionen gemeint. Wenn wir etwas Feingefühl haben, dann empfinden wir, daß da eine innere Unruhe eintritt, wenn unheilsames Denken aufkommt, ein Gefühl des Widerstands. Unheilsame Gedanken sind so oft in all den vielen Jahren gedacht worden, daß sie Teil unseres Denkprozesses geworden sind. Es bedarf der Achtsamkeit und der Entschlossenheit, um sie aufzugeben. In der Meditation erkennen wir, daß unsere unheilsamen Gedanken nicht durch irgend jemand oder durch irgend etwas von außen her verursacht worden sind. Dadurch bekommen wir die Geistesstärke, das fallenzulassen, was wir nicht wollen, und das zu erhalten und zu stärken, was für uns nützlich ist. Diese vier großen Anstrengungen sind die vierte Grundlage der Achtsamkeit, die sich auf den Inhalt unserer Gedanken bezieht. Wenn jeder in der Welt dies praktizieren würde, würden wir in einer heileren Welt leben.

Unser inneres Sein manifestiert sich durch die Gefühle, die durch unsere Sinneskontakte entstehen. Denken ist auch ein Sinneskontakt. Unheilsames Denken erzeugt unangenehme Gefühle, bei denen wir uns unbehaglich oder unglücklich fühlen. Sehen, hören, schmecken, antasten und riechen sind die fünf äußeren Sinne. Denken ist der innere Sinn. Alle schaffen Kontakte und produzieren ein Gefühl. Es gibt das Auge und ein Sehobjekt. Wenn beide in guter Verfassung sind, entsteht das Sehbewußtsein und resultiert im Sehen. Die Sinnesgrundlage, das Sinnesobjekt und das Sinnesbewußtsein treffen zusammen.

Wenn wir wissen, wie das Wesen, das wir »Ich« nennen, funktioniert, dann können wir unsere vorprogrammierten Verhaltensmuster stoppen, die immer wieder auf dieselbe Weise erscheinen. Es ist durchaus möglich vorherzusagen, wie ein Mensch auf irgendeinen bestimmten Reiz reagieren wird, weil wir alle ein Programm haben, das noch niemals unterbrochen worden ist. Um damit aufzuhören, müssen wir zunächst wissen, daß ein solches Programm besteht und was es enthält. Zum Beispiel besitzen wir eine Hörgrundlage, das ist das Trommelfell; dann gibt es einen

Ton. Wenn das Hörbewußtsein entsteht, weil beide – Grundlage und Objekt – zusammenkommen, dann ist ein Gefühl die Folge. Das Ohr vermag nur Töne zu hören, das Auge nur Form und Farbe zu sehen. Der Geist erklärt dies alles. Jeder hat eine leicht unterschiedliche Erklärung, so daß wir alle nie etwas genau auf dieselbe Weise sehen oder hören. Wenn ein Mann eine Frau sieht, und er sieht ihre Form und ihre Farbe, dann sagt der Geist eventuell: „Wie schön sie ist, ich muß sie heiraten.“ Wenn ich dieselbe Frau sehe, denke ich bestimmt nicht an so etwas. Jedoch versuchen wir, die Menschen um uns herum zu überzeugen, daß das, was wir selbst sehen und hören, das Richtige sei. Weil wir oft andere nicht überzeugen können, erschießen oder verfolgen wir sie.

Denken ist der Sinneskontakt, der das Gehirn als Grundlage hat und Ideen bekommt. Das Geistesbewußtsein entsteht, berührt die Ideen, und Denken beginnt. Daraus erwachsen Gefühle. Wenn wir denken, daß wir jedes Lebewesen lieben, ganz gleich, ob wir es tatsächlich tun oder nicht, dann bekommen wir durch diesen Gedanken ein angenehmes, warmes Gefühl. Wenn wir dagegen denken, daß wir einen Menschen hassen, dann bekommen wir ein kaltes und distanziertes Gefühl. Dann kommt die Reaktion auf das Gefühl, das entweder aus Begehren oder aus Ablehnung besteht.

Wenn wir uns aufmerksam beobachten, dann können wir das ganz klar erkennen. Die Reaktion auf das Gefühl ist unser erneuter Eintritt in die Dualität und das Erleben von *Dukkha*. Zur gleichen Zeit haben wir hier auch den Ausweg aus allen Schwierigkeiten. Wenn wir ausnahmsweise nicht reagieren, sondern ein Gefühl eben als Gefühl betrachten, wenn wir das fertigbekommen, dann haben wir Achtsamkeit verankert. Wir gewinnen auch die Zuversicht, daß wir dies wieder tun können und praktizieren so tatsächlich Läuterung des Geistes. Das ist eine wichtige innere Bestätigung. Der Buddha sagte, daß wir beides – Studium und Praxis – brauchen. Es hilft uns, wenn wir die Lehre des Buddha kennen. Wenn wir es aber nicht in die Praxis umsetzen, dann sind wir nur Papageien oder Heuchler, die etwas verkünden, wovon wir keine persönliche Erfahrung besitzen.

Durch unsere Achtsamkeitsübung werden wir uns der Gefühle bewußt, die durch die Sinneskontakte ausgelöst werden. Gefühle kommen ununterbrochen auf und müssen erkannt werden, damit wir unsere instinktive Lebensweise in einen wohlbedachten Lebensstil umändern können. Instinktiv sind wir ständig ein Reagierender. Bewußt dagegen können wir ein Agierender sein.

Die wichtigste Lektion, die wir lernen können, ist, unsere Achtsamkeit auch in unseren alltäglichen Tätigkeiten beizubehalten. Wir können das überall tun, zu Hause, beim Einkaufen, im Büro, beim Briefeschreiben, beim Telefonieren, überhaupt jederzeit. Die Meditation gibt uns den Anstoß und zeigt, wie Bewußtheit unsere innewohnenden Hindernisse beseitigt. Wir können im Prinzip nicht das Ganze erkennen, sondern nur Teile davon. Wir sehen, was uns umgibt, aber wir sehen niemals darüberhinaus.

Durch Achtsamkeit erleben wir eine Öffnung, wodurch alles einen inneren Bezug miteinander bekommt. Wir verlieren unser übertriebenes Gefühl von der eigenen Wichtigkeit und fühlen mehr das Zusammensein mit allen Manifestationen. All das sind jedoch Randerscheinungen. Achtsamkeit bedeutet Wissen. Wenn wir wissen und wirklich erfahren, können wir die vier Edlen Wahrheiten auf uns bezogen beweisen. Dann ist unsere Arbeit abgeschlossen.

Achtsamkeit hat als einen ihrer Faktoren die Fähigkeit zur Einspitzigkeit. Wir werden nicht benebelt oder zerstreut, sondern können den Geist konzentrieren. Wir müssen auch wissen, daß unsere Schwierigkeiten ein allgemein menschliches und kein persönliches Unglück sind. Dieses Verstehen hilft uns, daß wir geduldig aushalten und uns schrittweise ändern.

IV

Die großen Anstrengungen

Wir können ziemlich leicht feststellen, womit unser Geist beschäftigt ist. Er reflektiert und reagiert, und er hat oft Phantasien und Stimmungen. Jeder, der nicht meditiert, glaubt an all das ganze. Selbst diejenigen, die meditieren, glauben häufig noch an die Reaktionen ihres Geistes auf äußere Reize oder nehmen die Stimmungen, die im Geist aufkommen, ernst und denken, daß ihre Gedanken von einem äußeren Geschehen abhängig sind und nicht von einer inneren Reaktion. Die Wahrheit ist aber leicht zu erkennen, wenn wir unseren Denkprozeß nicht nur in der Meditation, sondern auch im täglichen Leben beobachten.

Der Buddha gab sehr exakte Anweisungen, wie wir jeglichen unheilsamen Geistesreaktionen entgegenarbeiten und heilsame erzeugen können. Die Anweisungen können mit »Vermeiden«, »Überwinden«, »Entfalten« und »Erhalten« bezeichnet werden und werden die vier großen Anstrengungen genannt, die zuvor (Kapitel III) kurz erwähnt worden sind. Sie sind Teil der 37 Erleuchtungsfaktoren und müssen daher zu unserer Praxis gehören. In ihrer Vervollkommnung sind sie dann Teil des Erleuchtungsprozesses. Wir haben vielleicht schon den Satz „*Nibbāna* und

Saṁsāra sind beide am selben Platz“ gehört. Das ist aber keine richtige Aussage, weil es einen solchen »Platz« gar nicht gibt. *Nibbāna* bedeutet Befreiung, Emanzipation, Erleuchtung, und *Saṁsāra* ist der Kreislauf von Geburt und Tod – wie können je beide zusammentreffen? In einer Beziehung können sie es, denn sie sind beide im Geist, in jedes Menschen Geist.

Jedoch nehmen wir alle vorläufig nur eines von ihnen wahr, nämlich das, was uns den Kreislauf von Geburt und Tod weiterverfolgen läßt; nicht nur, wenn dieser Körper verschwindet und dies mit Tod bezeichnet wird oder wenn ein Körper neu erscheint und dies Geburt heißt. Es gibt aber ein ständiges Geborenwerden und Sterben in jedem Augenblick unseres Daseins. Das ist die Geburt von heilsamen und unheilsamen Gedanken und ihr Absterben. Es gibt die Geburt von Gefühlen, angenehmen, unangenehmen und neutralen, und ihren Tod. Es gibt die Geburt dieses Körpers und sein Absterben von Augenblick zu Augenblick, nur daß wir nicht aufmerksam genug sind, um dies wahrzunehmen.

Wir können das ganz deutlich erkennen, wenn wir ein Foto von uns anschauen, das vor 10 oder 20 Jahren aufgenommen worden ist. Wir sehen darauf ganz anders aus als unser jetziges Spiegelbild. Aber daraus folgt nicht, daß der Körper 10 oder 20 Jahre gleich geblieben ist und sich dann auf einmal sprunghaft verändert hat. Er hat sich von Augenblick zu Augenblick verwandelt, bis es schließlich nach einer längeren Zeitspanne für uns erkennbar wird. Mit mehr Achtsamkeit hätten wir das längst gemerkt, weil es ein ständiges Geborenwerden und Sterben im Körper gibt, genau wie bei unseren Gedanken und Gefühlen. Dies ist *Saṁsāra*, der Kreislauf von Geburt und Tod in uns, bedingt durch unser Begehren, unser »Ich« zu erhalten und zu erneuern. Bei der Befreiung verschwindet dieses Begehren, so daß auch Sterben jeglicher Art uns nicht mehr unangenehm berührt.

Obwohl wir das Potential zur Befreiung besitzen, ist unser Bewußtsein nicht in der Lage, es zu verwirklichen, solange wir uns mit dem beschäftigen, was wir bereits wissen. Wir sind durch Gewohnheiten und Neigungen geformt, und jeder Meditierende wird dieser geistigen Gewohnheiten gewahr mit ihren alten und erprobten Reaktionen auf äußere Auslöser. Sie waren in der Vergangenheit nicht notwendigerweise nützlich, aber sie werden aus Gewohnheit immer wiederholt. Das gleiche gilt für unsere Stimmungen, die kommen und gehen und nicht mehr Bedeutung haben als eine Wolke am Himmel, die nur zeigt, wie das Wetter ist, ohne irgendeine universelle Wahrheit anzusprechen. Unsere Stimmungen drücken nur die Art des Wetters aus, das unser Geist herstellt, wenn er der Stimmung glaubt.

Die vier großen Anstrengungen sind an erster Stelle das Vermeiden unheilsamer, ungeschulter Gedankenprozesse. Wenn wir sie als ungeschult betrachten, dann können wir die Tatsache, eine neue Fähigkeit zu erlernen, leichter akzeptieren. Vermeiden bedeutet, daß wir das Aufkommen gewisser Gedanken nicht zulassen, weder Reaktionen auf Stimmungen noch auf äußere Anlässe. Wenn wir merken, daß wir gewohnheitsmäßig in dergleichen Weise auf dieselben Situationen reagieren, dann mögen wir gezwungen sein, solche Situationen zu meiden, so daß wir schließlich die Einsicht gewinnen, die daraus zu lernen war. Während wir auf eine Situation oder Stimmung reagieren, können wir sie nicht nüchtern einschätzen, weil unsere Reaktion den Geist überwältigt.

Vermeiden im Sinne des *Dhamma* bedeutet, unheilsamen Gedanken keinen Raum zu geben; praktisch müssen wir aber das vermeiden, was solche Geisteszustände in uns auslöst. Das muß jedoch nicht so weit gehen, daß wir vor der geringsten Herausforderung davonlaufen, was eine wohlbekannte, aber erfolglose Methode ist, unangenehmen Reaktionen aus dem Weg zu gehen. Laufen wir gewohnheitsmäßig vor Situationen davon, die unheilsame Reaktionen in uns hervorrufen, führt dies nicht zu einem friedvollen Geist. Nur wenn es einen speziellen Auslöser gibt, der in uns immer wieder negativen Widerhall hervorruft, müssen wir uns vielleicht von ihm entfernen, aber ohne irgend jemanden zu beschuldigen. Wir stellen nur fest, daß wir noch nicht in der Lage sind, unsere Reaktionen unter gewissen Umständen zu meistern. Genau wie wir das unangenehme Gefühl irgendwo im Körper nicht tadeln, sondern feststellen, daß wir das Nichtreagieren auf *Dukkha* noch nicht beherrschen und daher unsere Sitzstellung ändern müssen.

Es läuft auf das gleiche hinaus. Das eine ist eine körperliche Bewegung, das andere eine geistige. Es bedeutet nur, daß wir eine bestimmte Situation noch nicht ganz gemeistert haben. Das führt uns zu der

Erkenntnis, daß wir noch mehr über uns selbst lernen müssen. Irgend etwas in uns oder außerhalb von uns zu beschuldigen ist nutzlos, dies verschlimmert nur die Lage und fügt noch mehr unheilsames Denken hinzu.

Um unheilsame Reaktionen im Geist zu vermeiden, müssen wir aufmerksam sein und beobachten, was in unserem Geist geschieht, bevor wir etwas in Worten ausdrücken. Wir können dies in der Meditation erfahren. Bewußtheit ist die bedeutsamste Eigenschaft der Meditation. Es ist nicht sinnvoll oder nützlich, ruhige und friedliche Geisteszustände zu erleben, ohne sich darüber klar zu sein, wie wir sie erlangt haben, darin verweilen konnten und wieder herausgekommen sind. Wenn wir dies durch unsere Meditationspraxis gelernt haben, sind wir in der Lage zu erkennen, wie unser Geist im täglichen Leben arbeitet, bevor er möglicherweise so etwas sagt, wie zum Beispiel: „Ich kann diese Situation nicht ausstehen", oder „Ich hasse diesen Menschen". Wenn das geschieht, dann ist ein unheilsamer Zustand bereits entstanden.

Bevor der Geist in diese Falle gerät, kann ein dumpfes und unangenehmes Gefühl festgestellt werden, das als Warnung auftritt, daß sich ein unheilvoller Geisteszustand nähert, der fallengelassen werden kann, bevor er sich etabliert hat. Es ist viel leichter loszulassen, bevor sich das Negative festgesetzt hat, aber es ist schwieriger zu erkennen. Wenn wir merken, daß ein Geisteszustand aufkommt, der nicht von Frieden und Glück begleitet wird, dann können wir gewiß sein, daß es ein unheilsamer ist. Je mehr wir uns üben, achtsam auf unseren Geisteszustand zu sein, desto mehr erkennen wir das Unglück, das wir durch unheilsames Denken für uns und andere verursachen.

Wenn wir nicht in der Lage waren, einen unheilsamen Gedanken zu vermeiden, dann müssen wir üben, ihn zu überwinden. Wegen der Schwierigkeit, Negatives rechtzeitig genug zu bemerken um es zu vermeiden, müssen wir uns klar darüber sein, wie es zu überwinden ist. Das Fallenlassen eines Gedankens ist eine Aktion und nicht eine passive Reaktion; trotzdem ist es schwierig durchzuführen, weil der Geist etwas braucht, das er aufgreifen kann. In der Meditation brauchen wir ein Objekt, so wie den Atem, die Gefühle oder Empfindungen, um dem Geist einen Halt zu bieten, damit er ruhig und friedvoll werden kann. Wenn wir unheilsame Geisteszustände überwinden wollen, dann ist es leichter, sie durch heilsames Denken zu ersetzen, als zu versuchen, Unheilsames loszulassen.

Wenn wir die negativen Geisteszustände lange aufrechterhalten, dann nisten sie sich mehr und mehr ein. Da sie sich behaglich bei uns einrichten, neigen wir immer mehr dazu, ihnen zu glauben und schließlich auf Gedanken zu kommen wie „Ich hasse alle Menschen, die nicht mit mir übereinstimmen“, oder „Ich bekomme beim Donnern immer Angst“. Diese Aussagen sollen einem die Unveränderlichkeit des eigenen Charakters zeigen und unserem »Ich« eine besondere Unterstützung geben. Die einzige Ursache dafür, daß sich diese Zustände in unserem Charakter verwurzelt haben, besteht darin, daß wir die Negativitäten so lange aufrechterhalten haben, daß wir uns nicht vorstellen können, wie es ohne sie wäre. Aber es handelt sich nur um unheilsame Geisteszustände, die verändert werden können und müssen. Je schneller wir sie ersetzen, desto besser für unseren eigenen inneren Frieden.

Wenn wir einen Menschen nicht mögen oder ablehnen, sollten wir uns an etwas Gutes über diesen Menschen erinnern und dadurch in die Lage kommen, den negativen Gedanken mit etwas konkret Positivem zu ersetzen. Jeder ist mit beiden Qualitäten – Gut und Böse – ausgestattet, und wenn wir beim Negativen verharren, dann werden wir ständig mit diesem Aspekt konfrontiert und nicht mit dem Gegenteil. Mit einigen Menschen wird uns das schwerer fallen als mit anderen. Sie sind sozusagen unsere Prüfsteine. Keiner kommt im Leben ohne solche Prüfungen aus. Das ganze Leben ist eine Erwachsenenschule mit häufigen Examen, die jederzeit auf uns zukommen können. Es wird uns nicht im voraus gesagt, was uns bevorsteht, und deshalb sollten wir immer vorbereitet sein.

Wenn wir die Fertigkeit des Ersetzens erlernen und sie einmal erfolgreich angewendet haben, gewinnen wir Vertrauen in unsere eigene Fähigkeit. Es gibt dann keinen Grund, warum wir diesen Vorgang nicht jederzeit wiederholen können, wenn es nötig ist. Die Erleichterung, die wir empfinden, ist der Ansporn, den wir für die Praxis brauchen.

Wenn wir mit Situationen konfrontiert werden, die wir schwierig zu bewältigen finden, dann können wir uns erinnern, daß wir es mit einer Lernsituation zu tun haben. Die Überwindung unheilsamer Geisteszustände bedarf einer Geisteskraft, die wir durch unsere Meditationspraxis entwickeln. Wenn wir noch nicht in der Lage sind, uns in der Meditation so zu konzentrieren, wie wir möchten, dann werden wir auch noch nicht unseren Geist so ändern können, wie wir es wollen. Je mehr wir in der Meditation Fortschritte machen, desto leichter fällt uns das »Vermeiden« oder das »Überwinden«. Andererseits unterstützen wir unsere Meditation, wenn wir das Ersetzen im täglichen Leben üben. Wenn wir erkennen, daß unser Geist keine solide Einheit ist, die in bestimmter Weise reagieren muß, sondern ein bewegliches, veränderliches Phänomen, das klar und leuchtend sein kann, dann werden wir immer mehr versuchen, ihn vor Unheilsamem zu bewahren. Für einen beginnenden Meditierenden ist es oft eine Offenbarung, wenn er herausfindet, daß der Geist kein starrer und glaubwürdiger Reagierender ist, sondern durch den Willen beeinflußt und verändert werden kann.

Die Entfaltung heilsamer Geisteszustände bedeutet, daß wir uns bemühen, diese zu kultivieren, wenn sie noch nicht aufgekommen sind. Wenn der Geist gleichgültig eingestellt ist oder zu Schwermut, Verurteilungen oder Kritisieren neigt, sich leicht verletzt fühlt oder egozentrisch ist, dann arbeiten wir absichtlich diesen Tendenzen entgegen und entwickeln heilsame Gegenmittel. Wir gestehen uns ein, daß alle negativen Zustände nichts zu Glück, Frieden und innerer Harmonie beitragen. Wenn wir liebende Güte, Mitgefühl, Mitfreude und Gleichmut entfalten, dann erleben wir, daß diese Zustände unser inneres Wohlbefinden fördern. Natürlich werden wir dann immer weiter versuchen, den Geisteszustand zu erwecken, der zur inneren Zufriedenheit führt. Allein das Verständnis, daß die heilsamen Zustände gut für uns sind, ist eine wirksame Einsicht. Wenn unser Geist ruhig ist, dann merken wir, daß wir durch unsere unheilsamen Reaktionen auf die zahllosen, unheilsamen Situationen in der Welt nur das existierende *Dukkha* verdoppeln. Wir werden dadurch weder diese Situationen verbessern noch irgend jemandem helfen.

Wenn wir die Fähigkeit entwickeln, das Positive zu sehen und alles als Lernsituation zu benutzen und die vier oben erwähnten höchsten Emotionen in uns zu verankern, dann bleibt nur die letzte große Anstrengung übrig, nämlich die heilsamen Geisteszustände weiterzuführen. Jeder, der noch nicht die völlige Befreiung von allen zugrundeliegenden Neigungen erreicht hat, wird nicht dazu fähig sein, jederzeit positive Geisteszustände aufrechtzuerhalten, aber unsere Achtsamkeit kann stark genug sein, um uns zu melden, wenn wir keinen Erfolg hatten.

Das ist das Bewußtsein, das wir brauchen, um eine Veränderung zu bewirken. Wenn wir es nicht schaffen, das Heilsame zu erhalten, dann können wir es wenigstens immer wieder erneut probieren. Sollten wir jedoch anfangen, uns oder anderen Vorwürfe zu machen, würden wir einen zweiten negativen Geisteszustand hinzufügen und unseren Fortschritt blokkieren.

Jede Fähigkeit ist erlernbar. Wir haben in unserem Leben viele Fähigkeiten erworben. Dies ist eine Art Schulung, die besonders wertvoll ist und wichtiger als die meisten anderen. Es handelt sich nicht um einen Charakterzug, den wir besitzen oder nicht. Jeder Geist kann Heilsames entwickeln und Unheilsames loslassen. Aber das soll auch nicht heißen, daß wir von nun an alles wunderbar und schön finden. Das wäre ebenfalls nicht realistisch. Wir können aber erkennen, daß, obwohl sich Unheilsames in uns und um uns herum ereignet, Ablehnung nicht die geeignete Reaktion ist, um Frieden und Glück zu verschaffen. Der Gipfel aller Gemütsverfassungen ist Gleichmut, diese geistige Ausgewogenheit und Ruhe, die sich durch unsere Meditationspraxis entwickelt und auf Einsicht beruht. Sie ist unser Werkzeug im täglichen Leben, um heilsame Geisteszustände zu entfalten und zu erhalten.

Es ist weder ratsam zu unterdrücken, noch sich etwas vorzutäuschen, indem wir denken „Ich müßte oder sollte so sein". Nur das Erkennen, was in unserem Geist vor sich geht, und die Fähigkeit zur Veränderung unseres Geistes sind nötig. Schließlich wird unser Geist ein gut gestimmtes Instrument, das einzige im ganzen Universum, das uns von allem *Dukkha* befreien kann. Jedem ist dieses Instrument zu eigen, und die Anweisungen des Buddha lehren uns die Fähigkeit, dieses Instrument zum größten Vorteil zu gebrauchen; nicht seinen Stimmungen und Reaktionen auf äußere Reize zu glauben, sondern ihn zu beobachten und zu behüten und sein Potential der vollkommenen Befreiung zu verwirklichen.

Wenn wir ein gut funktionierendes Werkzeug haben möchten, müssen wir uns darum kümmern. Wir müssen aufpassen, daß sich kein Schmutz ansammelt, sondern es so schnell wie möglich säubern. Das gleiche gilt für unseren Geist. Dies ist vielleicht die schwerste Aufgabe, die wir meistern können. Daher versuchen sich darin auch so wenige Menschen. Aber ein Meditierender ist auf dem besten Wege dahin, wenn er erkennt, daß dem Geist nicht ohne weiteres geglaubt werden kann, da er viel zu phantasievoll und zu flüchtig ist.

Die vier großen Anstrengungen werden »groß« genannt, weil sie nicht nur schwierig, sondern auch äußerst hilfreich sind. Ein ernsthaft Meditierender möchte die menschliche Ebene noch zu Lebzeiten transzendieren, und diese Anstrengungen sind unsere Herausforderung. Sie sind so gut vom Buddha erklärt worden, daß wir die Schwierigkeiten, denen wir begegnen, deutlich sehen können und auch die Ursachen, warum wir noch in *Saṁsāra* umherwandern. Aber wir müssen die Reise nicht endlos fortsetzen. Da wir den Weg kennen und auch die Art und Weise, wie wir ihn beschreiten sollen, so haben wir die Möglichkeit, von allen Fesseln freizukommen.

V

Die Erweiterung des Bewußtseins

Ebenso wie wir den Körper willentlich verändern können, so können wir auch den Geist verwandeln. Eine Veränderung des Körpers vollzieht sich, wenn wir weniger essen und dünn werden oder mehr essen und dick werden, wenn wir zuviel Alkohol trinken und unsere Leber ruinieren oder zuviel rauchen und unsere Lungen krank machen. Wir können spezielle Übungen machen, um Muskeln zu bekommen, oder trainieren, um schnell zu laufen, hoch zu springen oder um im Tennis oder beim Kricket sehr erfolgreich zu werden.

Der Körper kann vieles bewerkstelligen, wozu normale Menschen gewöhnlich nicht in der Lage sind, weil sie dafür nicht trainiert haben. Wir wissen zum Beispiel von Menschen, die zwei- bis dreimal weiter springen können, als es normal ist, oder zehnmal schneller als alle anderen laufen. Manche Menschen können mit ihrem Körper Kunststücke vollbringen, die an Wunder grenzen.

Es gibt aber auch Menschen, die ihren Geist in offensichtlich wunderbarer Weise benutzen können, was ebenfalls nur auf Training beruht. Meditation ist das einzige Training, das es für den Geist gibt. Körperliches Training ist gewöhnlich mit körperlicher Disziplin verbunden. Der Geist braucht geistige Disziplin, die Meditation.

Als erstes können wir in unserem Geist eine Veränderung vom unheilsamen zum heilsamen Denken vornehmen. Genau wie jemand, der ein Sportler werden möchte, von Grund auf mit einem Körpertraining beginnen muß, so gilt das gleiche für das Geistestraining. Zunächst befassen wir uns mit dem Gewöhnlichen, später mit dem Außergewöhnlichen. Die Kontemplation über unseren eigenen Tod bringt uns die Erkenntnis, daß alles, was geschieht, sehr bald zu Ende sein wird, weil wir sterben müssen. Obwohl wir den genauen Zeitpunkt nicht kennen, wird es bestimmt geschehen. Vergegenwärtigen wir uns die Gewißheit des Todes, dann macht es uns nicht mehr so viel aus, was rings um uns geschieht, weil alles nur für eine sehr begrenzte Zeit wichtig ist.

Wir können vielleicht erkennen, daß es nur darauf ankommt, gutes *Karma* zu machen, jeden Tag, jeden Augenblick unser Bestes zu geben. Anderen zu helfen nimmt dabei den Ehrenplatz ein. Dies ist durch nichts zu ersetzen. Andere können von unseren Fähigkeiten und von unserem Besitz profitieren, da wir sowieso nichts behalten und mit uns nehmen können. Wir könnten ebensogut alles so schnell wie möglich weggeben.

Es ist eines der Gesetze des Universums, daß wir mehr bekommen, wenn wir mehr weggeben. Niemand glaubt das, daher versucht jeder, immer mehr Geld zu verdienen und mehr Dinge zu besitzen, obwohl dies ein Gesetz von Ursache und Wirkung ist. Wenn wir daran glauben und entsprechend handeln würden, dann würden wir es bald selbst bestätigen können. Aber es ist nur wirksam, wenn wir selbstlos geben. Wir können außer materiellen Gaben auch unsere Zeit, unsere Fürsorge, unser Interesse am Wohlergehen anderer verschenken. Sofort empfinden wir, als Folge, Glück in unserem Herzen, wenn wir die Freude sehen, die wir anderen bereitet haben. Das ist nahezu die einzige innere Befriedigung, die wir in diesem Leben erwarten können, und die von Natur aus nicht schnell wieder verschwindet, weil wir unsere Handlungen und unser Glück jederzeit wieder ins Gedächtnis rufen können.

Wenn wir wirklich unseren bevorstehenden Tod in unsere Gedankenwelt miteinbeziehen und nicht nur Worte darüber verlieren, dann wandelt sich unsere Einstellung zu den Menschen und Ereignissen völlig. Wir sind dann nicht mehr länger derselbe Mensch. Derjenige, der wir bis jetzt gewesen sind, hat uns keine volle Befriedigung, Zufriedenheit und Frieden gebracht. Wir können daher ruhig ein völlig anderer Mensch mit einer neuen Einstellung werden. Wir können z.B. die Versuche einstellen, Dinge oder Situationen dauerhaft zu machen, weil wir wissen, daß unsere Beteiligung nur vorübergehend ist. Dadurch erscheint uns nichts mehr so wichtig wie vorher.

Stellen wir uns folgenden Vergleich vor. Wir laden Gäste in unser Haus zum Essen ein. Wir sind aufgeregt und besorgt, ob das Essen schmecken wird, ob es gemütlich sein und es an nichts fehlen wird. Das Haus soll für die Gäste ohne Makel erscheinen. Während sie uns besuchen, sind wir äußerst bemüht, daß sie alles bekommen, was sie sich nur wünschen. Danach liegt es uns am Herzen, ob es ihnen in unserem Haus gefallen hat und ihren Freunden berichten werden, daß es ein netter Besuch gewesen ist. Unser Verhalten ist davon geprägt, daß wir uns für die Eigentümer des Hauses halten. Wenn wir dagegen zu Gast sind, kümmern wir uns nicht darum, welche Speisen serviert werden, denn das ist ja Sache des Gastgebers. Uns beschäftigt auch nicht, ob das Haus gelobt wird, denn wir sind ja nur zu Gast.

Dieser Körper ist auch nicht unser Haus, ganz egal, wie lange wir leben. Es ist eine vorübergehende Erscheinung ohne absolute Wichtigkeit. Nichts gehört uns, wir sind hier nur Gäste. Möglich, daß wir noch eine Woche hier sind oder ein Jahr oder sogar zwanzig Jahre. Aber da wir zu Gast sind, was kann uns Lob oder Tadel angehen, oder auch Gewinn und Verlust? Das einzige, was wir als Gäste in einem Haus tun können, ist, freundlich und hilfsbereit zu den mit uns anwesenden Menschen zu sein. Alles andere ist völlig bedeutungslos; anderenfalls behält unser Bewußtsein die Marktplatzmentalität bei.

Ist es nicht wirklich nur von Wichtigkeit, daß wir unser Bewußtsein so erweitern, daß wir nicht nur unsere unmittelbaren Angelegenheiten sehen? Es geschieht doch immer dasselbe: Aufstehen, Frühstück, Waschen, Anziehen, Überlegen und Planen, Kochen, Einkaufen, Gespräche mit Menschen, zur Arbeit gehen, Zubettgehen, Aufstehen... immer wieder und wieder. Ist das ausreichend für ein ganzes Leben? Alle von uns versuchen, etwas zu finden, was uns in dem täglichen Einerlei Freude macht. Aber nichts hat Bestand und ist außerdem noch mit Begehren verbunden. Wenn wir uns jedoch jeden Morgen darauf besinnen würden, daß der Tod gewiß ist, uns aber jetzt ein neuer Tag des Lebens beschert ist, dann würde Dankbarkeit in uns aufsteigen und Entschlossenheit, etwas wirklich Nützliches mit diesem Tag anzufangen.

Unsere zweite Kontemplation könnte sich damit beschäftigen, wie wir in unserem Geist Feindschaft, Übelwollen und Unglücklichsein mit ihrem Gegenteil ersetzen können. Wiederholtes Erinnern macht es möglich, den Geist allmählich umzuwandeln. Der Körper verändert sich auch nicht über Nacht und ist plötzlich ganz sportlich, und genauso wandelt sich der Geist nicht im Nu. Aber wenn wir ihn nicht ständig trainieren, dann bleibt er so wie er immer war, was für ein harmonisches und friedliches Leben nicht dienlich wäre. Die meisten Menschen erleben eine Menge Unannehmlichkeiten, Besorgnisse und Ängste in ihrem Leben. Furcht ist eine menschliche Eigenschaft, die auf unserer Ich-Illusion beruht. Wir haben Angst, daß unser »Ich« zerstört und vernichtet wird.

Diese Bereitschaft, unseren Geist zu läutern, sollte es ermöglichen, jedem Tag eine Bedeutung zu verleihen, die den Unterschied zwischen »lebendig sein« und »leben« ausmacht. Wir werden zweifellos jeden Tag etwas vollbringen, was entweder unser spirituelles Wachstum fördert oder für andere Hilfsbereitschaft und Rücksichtnahme bedeutet, am besten beides. Wenn wir so einen bedeutungsvollen Tag an den anderen reihen, werden wir schließlich ein bedeutungsvolles Leben haben. Anderenfalls haben wir ein egozentrisches Leben gelebt, das niemals zufriedenstellend sein kann. Wenn wir unsere eigenen Wünsche und Widerstände vergessen und uns stattdessen mit spirituellem Wachstum beschäftigen und hilfreich zu anderen Menschen sind, dann ist unser *Dukkha* stark vermindert. Das *Dukkha* erreicht einen Punkt, wo es nur noch die zugrundeliegende Bewegung in allem Dasein darstellt und nicht mehr persönliches Leid und Unglück ist. Solange wir leiden und unglücklich sind, ist unser Leben nicht sehr nützlich. Wenn wir Kummer und Schmerz haben, bedeutet das nicht, daß wir sehr sensibel sind, sondern vielmehr, daß wir nicht in der Lage waren, eine Lösung zu finden.

Wir verbringen Stunden um Stunden, um Lebensmittel einzukaufen, das Essen zuzubereiten und zu verzehren, danach abzuwaschen und die nächste Mahlzeit zu planen. Zwanzig Minuten für eine Kontemplation über unsere Lebensweise zu verwenden, würde unsere Zeit bestimmt zulassen. Natürlich können wir auch länger mit solchen Kontemplationen verbringen, die dem Geist eine neue Richtung geben können.

Ohne Übung ist der Geist schwerfällig und nicht sehr wendig; aber wenn wir dem Geist eine neue Richtung geben, dann lernen wir, unser eigenes Glück zu beschützen. Dies ist nicht damit verbunden, daß wir das bekommen, was wir uns wünschen, und das loswerden, was wir nicht haben wollen. Es ist eine

Fähigkeit des Geistes, das zu erkennen, was hilfreich ist und glücklich macht.

Diese neue Richtung, die aus der Kontemplation erwächst, kann in die Tat umgesetzt werden. Was können wir tatsächlich tun? Wir haben alle schon viel zu viele Worte gehört, die wahrhaftig geklungen haben, aber Worte allein bringen nichts zustande. Es muß die Erkenntnis zugrunde liegen, daß diese Worte geistige oder körperliche Handlungen erfordern. Der Buddha sagte, daß, wenn wir einen *Dhamma*-Vortrag hören und Vertrauen in seine Wahrhaftigkeit haben, wir zunächst diese Worte in Erinnerung behalten müssen. Dann können wir prüfen, ob wir in der Lage sind, das zu tun, was die Anweisungen befürworten.

Wenn wir darüber kontemplieren, daß wir frei von Feindseligkeit sein möchten, dann können wir uns solch einen Entschluß immer wieder vergegenwärtigen. Dann kommt der nächste Schritt: Wie kann ich das verwirklichen? Wenn wir unser tägliches Leben betrachten, dann können wir darauf achten, ob irgendeine Feindseligkeit aufkommt, und falls es so ist, sie mit Liebe und Mitgefühl ersetzen. Das ist das Geistestraining. Der Geist fühlt sich dann nicht mehr so belastet, so eingefahren auf seinem selbst vorgezeichneten Weg, weil wir merken, daß Verwandlung möglich ist. Wenn sich der Geist erleichtert und klarer fühlt, dann kann er sich auch ausweiten.

Verwirklichen wir die Anweisungen des Buddha, so verändert sich die Bewußtheit des Geistes, so daß die alltäglichen, gewöhnlichen Aktivitäten nicht mehr so wichtig sind. Sie werden als notwendig betrachtet, um den Körper am Leben zu erhalten und um den Geist für die mannigfaltigen Erscheinungen, die in der Welt existieren, zu interessieren.

Es wird uns klar, wenn wir unseren Geist schon so weit verändern konnten, daß es noch mehr im Universum geben muß, als wir mit dem gewöhnlichen Geist bisher berührt haben. Der Entschluß kann nun aufkommen, daß wir den Geist außergewöhnlich werden lassen wollen. So wie bei einem Sportler enorme Geschicklichkeit, Disziplin und Kraft des Körpers möglich sind, so kann auch der Geist weit über seine momentanen Grenzen hinausgehen. Der Buddha sagte, daß die Erweiterung des Bewußtseins Ergebnis von oft geübter, tiefer Konzentration ist. Rechte Konzentration bedeutet eine Veränderung des Bewußtseins, weil wir zu der Zeit nicht mehr mit dem gewöhnlichen, relativen Wissen in Beziehung stehen.

Wenn wir in der Lage sind, die Richtung unseres Geistes zu ändern, dann sind wir nicht mehr so sehr in die tagtäglichen Geschäfte verstrickt, sondern erwägen auch universelle Wahrheiten. Dadurch, daß der Geist diszipliniert, gestärkt und harmonisiert worden ist, kann er Kunststücke geistiger Bewußtheit vollbringen, die ganz außergewöhnlich scheinen, aber doch eben nur das Ergebnis von Training sind. Das bedeutet, eingefahrene Gleise des Geistes zu verlassen. Wenn wir einen nassen Fahrweg benutzen und fahren mit einem Lastwagen immer wieder darüber, dann werden die Spuren immer tiefer und am Ende bleibt der Wagen stecken. So verhält es sich bei unseren gewohnheitsmäßigen Reaktionen in unserem Alltag. Wenn wir meditieren, dann werden wir aus diesen Furchen herausgehoben, weil sich dem Geist eine neue Dimension auftut.

Kontemplation und das sich daraus ergebende Handeln eröffnen in unserem Leben einen neuen Weg, wobei die alten Gleise aufgegeben werden. Diese bestanden aus ständiger Reaktion auf unsere Sinneseindrücke, also auf das Hören, Sehen, Riechen, Schmecken, Berühren und Denken. Es ist sehr bedauerlich, wenn wir ein wertvolles Menschenleben nur zum Reagieren verwenden. Es ist viel nützlicher und hilfreicher, ein Agierender zu werden, was bewußtes Denken, Sprechen und Handeln bedeutet.

Es ist möglich, daß wir die Stufe der Konzentration erreichen, bei der das Meditationsobjekt nicht länger nötig ist. Das Meditationsobjekt ist nur ein Schlüssel, oder wir können es auch als Haken bezeichnen, an dem wir den Geist aufhängen, so daß er sich zeitweilig nicht um die weltlichen Angelegenheiten kümmert. Wenn die Konzentration gelungen ist, so kann das damit verglichen werden, daß der Schlüssel endlich das Schlüsselloch gefunden und die Tür geöffnet hat. Wenn wir die Tür zum wahren *Samādhi* aufschließen, dann finden wir acht Gemächer vor, die die acht meditativen Vertiefungen (*jhānas*) darstellen. Wenn wir in der Lage waren, den ersten Raum zu betreten, durch Übung, Entschlossenheit und Fleiß, dann besteht kein Grund, daß wir nicht nach und nach in alle anderen Räume auch eintreten können. Dabei gibt der Geist tatsächlich den vertrauten Denkprozeß auf und begibt sich auf die Ebene des Erlebens.

Das erste, was sich einstellt, wenn die Konzentration gelingt, ist ein Gefühl von Wohlbefinden. Leider ist die falsche Ansicht weit verbreitet, wonach die meditativen Vertiefungen weder möglich noch nötig seien. Diese Ansicht widerspricht jedoch der Lehre des Buddha. Alle Anweisungen, die er für den Weg zur Befreiung gegeben hat, schließen immer die meditativen Vertiefungen mit ein. Sie sind der achte Schritt auf dem Edlen achtfachen Pfad (*samma samādhi*). Es ist auch nicht richtig anzunehmen, daß es nicht mehr möglich sei, wahre Konzentration zu erreichen; viele Menschen erlangen sie, ohne sich dessen bewußt zu sein, und brauchen daher Hilfe und Anleitung, damit ihre Bemühungen unterstützt werden. Zur Meditation müssen die meditativen Vertiefungen dazugehören, weil sie die Erweiterung des Bewußtseins bedeuten und den Zutritt zu einer völlig anderen Welt ermöglichen, als wir je zuvor kennengelernt haben.

Die Geisteszustände, die durch die meditativen Vertiefungen erreicht werden, ermöglichen es, im täglichen Leben zu unterscheiden, was bedeutsam ist und was nicht. Wenn wir zum Beispiel gesehen haben, daß es möglich ist, hohe Bäume zu züchten, dann glauben wir nicht länger, daß Bäume immer klein sein müssen, obwohl die Bäume im eigenen Hinterhof winzig sind, weil der Boden arm an Nährstoffen ist. Das gleiche trifft auf unsere Geisteszustände zu. Wenn wir die Möglichkeit eines erweiterten Bewußtseins erkannt haben, dann glauben wir nicht länger, daß das gewöhnliche Bewußtsein alles ist, oder daß es in der Meditation nur um den Atem geht.

Der Atem ist nur die Stütze für unseren Geist, so daß wir das Tor zur wahren Meditation öffnen können. Wenn wir über die Schwelle getreten sind, dann empfinden wir körperliches Wohlbefinden, das sich in verschiedener Weise zeigen kann. Es mag stärker oder schwächer sein, aber es ist immer mit einem äußerst entzückenden Gefühl verbunden. Über diesen Genuß sagt der Buddha: „Das ist ein Vergnügen, das ich mir gönne." Solange wir nicht die Freude des meditativen Zustandes erleben, der unabhängig von der Welt ist, werden wir nicht auf die Welt verzichten, sondern sie weiter als unsere Heimat betrachten.

Nur wenn wir erkennen, daß die Freude im meditativen Erleben von allen weltlichen Bedingungen unabhängig ist, werden wir schließlich sagen können: „Die Welt und ihre mannigfaltigen Attraktionen sind nicht mehr interessant", so daß Ernüchterung einsetzen kann. Warum sollten wir sonst auf etwas verzichten, was ab und zu Vergnügen und Freude bringt, wenn wir nichts anderes kennen? Wie sollten wir das können? Es ist unmöglich, alles Weltliche, was Vergnügen und Freude bringt, loszulassen, wenn wir keinen Ersatz dafür haben. Das ist der erste Grund, warum die meditativen Vertiefungen zum Wesentlichen in der Lehre des Buddha gehören. Wir können nicht loslassen, wenn wir noch unter dem Eindruck stehen, daß wir durch diesen Körper und mit diesen Sinnen das Glück bekommen können, wonach wir uns sehnen.

Der Buddha ermutigt uns, nach dem Glück zu streben, doch müssen wir es am richtigen Ort suchen.

Er sagte, daß wir in der Lage sein sollten, unser eigenes Glück zu beschützen. Selbst der erste Moment des Entzückens in der Meditation beleuchtet bereits die Tatsache, daß in unserem Inneren Freude und Glück zu finden sind. Die entzückenden Empfindungen wecken auch ein freudiges Interesse, das uns hilft, auf dem Meditationskissen zu verweilen. Obwohl es eine körperliche Empfindung ist, ist es nicht die gleiche Art von Wahrnehmung, die wir sonst kennen. Sie unterscheidet sich deshalb, weil sie aus einer anderen Quelle entspringt.

Gewöhnlich entstehen angenehme körperliche Empfindungen durch Berührungskontakte. Diese jedoch beruht allein auf der Konzentration. Da sie offensichtlich unterschiedliche Ursachen haben, müssen sie auch in ihren Wirkungen verschieden sein. Berührung ist grob, Konzentration ist dagegen subtil. Deshalb hat das meditative Empfinden eine subtilere spirituelle Qualität als das angenehme Gefühl, das durch Berührung entsteht. Wenn wir klar erkennen, daß die einzig notwendige Bedingung für unser Glück Konzentration ist, dann werden wir uns von unserem üblichen Bestreben abwenden, nette Menschen, schmackhafte Speisen, besseres Wetter, größeren Reichtum zu suchen und nicht länger unsere geistige Energie darauf verschwenden. Daher ist dies ein notwendiger erster Schritt auf dem Weg zur Befreiung.

Wir erreichen nun Geisteszustände, die über die alltäglichen weltlichen Erfahrungen hinausgehen. Wir kennen alle den Geist, der mit gewöhnlichen Angelegenheiten beschäftigt ist. Solch ein Geist sorgt sich um alles mögliche, ist ängstlich, hat Pläne, Erinnerungen, Hoffnungen, Träume, Zu- und Abneigungen und Reaktionen. Es ist ein sehr geschäftiger Geist. Zum ersten Mal lernen wir nun einen Geist kennen, der all diese Aspekte nicht enthält. Das entzückende Wohlbefinden wird nicht von Gedanken begleitet, es ist ein Erleben.

Dabei wird es uns schließlich klar, daß das Denken, das wir kennen, uns nicht die Ergebnisse bringt, die wir uns erhofft hatten. Es ist gerade gut genug, um den Wunsch zur Meditation zu formulieren. Wir lernen schon durch diesen ersten Schritt, daß uns die Welt nicht das bringen kann, was Konzentration vermag. Glück, das unabhängig von äußeren Bedingungen ist, befriedigt weit mehr als alles, was in der Welt zu finden ist. Uns wird dabei auch deutlich gemacht, daß der Geist die Fähigkeit hat, erweiterte Bewußtseinszustände kennenzulernen, zu denen er zuvor keinen Zugang hatte, so daß wir aus erster Hand erfahren, daß Meditation das Mittel zur geistigen Befreiung ist.

Weil wir dieses entzückende Gefühl haben, steigt innere Freude auf. Das gibt dem Meditierenden die Gewißheit, daß der Pfad zum »Nicht-Ich« ein Weg der Freude und nicht des »*Dukkha*« ist. Dadurch wird der natürliche Widerstand gegen das »Nicht-Ich« erheblich gemindert. Die meisten Menschen widersetzen sich dem Gedanken, daß sie »Niemand« sind, selbst nachdem sie es intellektuell verstanden haben. Wenn wir aber in der Lage sind, diese ersten beiden Aspekte der Meditation zu erleben, erhalten wir einen klaren

Hinweis, daß diese nur möglich sind, wenn wir das »Ich«, das immer denkt, vorübergehend begraben. Denn wenn das »Ich« aktiv ist, dann sagt es sofort: „Oh, ist das nicht schön!“ und die Konzentration ist beendet. Es muß ein Erleben sein, bei dem niemand sagt „Ich erlebe“. Die Erklärung und das Verstehen dessen, was wir erlebt haben, kommen anschließend.

Wir bekommen dadurch die klare Einsicht, daß ohne »Ich« die innere Freude von viel größerer und tieferer Natur ist als irgendein anderer Glückszustand, den wir in diesem Leben erfahren haben. Daher kommt die Entschlossenheit, die Lehre des Buddha wirklich zu durchdringen. Bis dahin wählen sich die meisten Menschen einige wenige Aspekte des *Dhamma* aus, von denen sie gehört haben, und sind der Meinung, daß das genügt. Das könnten sein: Hingabe, Rezitation, Feste, gute Werke, moralisches Verhalten, die alle wichtig und hilfreich sind, aber die Lehre stellt ein großes Mosaik dar, in dem sich die verschiedenen Teile zu einem großen Ganzen zusammenfügen. Der innerste Kern ist das »Nicht-Ich« (*anattā*). Wenn wir nur ein paar von diesen Mosaikstücken verwenden, dann sehen wir niemals das ganze Bild. Aber wer fähig ist zu meditieren, hat einen ganz anderen Zugang zur totalen Lehre, die Körper und Geist umfaßt und so den Menschen, der wirklich übt, vollkommen umwandelt.

Durch unser Bemühen im Alltag müssen wir die Grundlage für unsere Meditation schaffen. Wir dürfen nicht erwarten, daß wir uns hinsetzen und erfolgreich meditieren können, wenn all unsere Gedanken sich um unsere weltlichen Angelegenheiten drehen und wir nicht versuchen, Ärger, Neid, Eifersucht, Stolz, Gier, Haß und Ablehnung im täglichen Leben zu reduzieren. Wenn wir Achtsamkeit und Wissensklarheit üben und das sinnliche Verlangen beruhigen, dann haben wir eine gute Grundlage für die Meditation. Wenn wir dies im Alltag üben in Verbindung mit täglicher Meditationspraxis, dann können wir einen allmählichen und schrittweisen Fortschritt feststellen, so wie bei einem Sportler, der trainiert. Der Geist wird klar und kraftvoll, bemüht sich um die wichtigen Angelegenheiten des Lebens und läßt sich nicht von allem, was geschieht, umwerfen.

Wenn wir jeden Tag etwas Zeit für Kontemplation und Meditation verwenden und die Achtsamkeit nicht vergessen, dann haben wir einen sehr guten Anfang für eine Erweiterung des Bewußtseins gemacht. Eines Tages sehen dann das Universum und wir selbst durch unseren veränderten Blickwinkel ganz anders aus. Im Zen sagt man dazu: „Zunächst ist der Berg ein Berg, dann ist der Berg kein Berg mehr, und am Ende ist der Berg wieder ein Berg." Zuerst sehen wir alles in seiner relativen Realität; jeder Mensch ist ein eigenes Individuum, jeder Baum ist von besonderer Art, alles hat eine gewisse Bedeutung für unser Leben. Dann beginnen wir zu üben, und plötzlich sehen wir eine andere Realität, die universell ist und einen viel weiteren Horizont eröffnet.

Wir werden sehr von unserer Meditation fasziniert und schenken dem, was um uns herum geschieht, nicht mehr so viel Aufmerksamkeit. Wir erleben eine

Erweiterung und Gehobenheit unseres Bewußtseins und erkennen, daß unsere alltäglichen Reaktionen unwichtig sind. Für eine Weile mögen wir unsere Aufmerksamkeit nur darauf richten und in einer anderen Realität leben. Am Ende kommen wir dorthin zurück, wo wir waren, tun alles wie zuvor, aber werden davon nicht länger in Mitleidenschaft gezogen. Ein Berg ist einfach wieder ein Berg. Alles sieht wieder so aus wie früher, nur hat es seine Wichtigkeit und das Abgegrenztsein verloren.

Die Beschreibung eines *Arahant* in der Lehrrede vom großen Segen (*Mahā Maṅgala Sutta*) lautet: „... obwohl von den Umständen der Welt berührt, schwankt der Geist niemals." Der Erleuchtete bleibt in Verbindung mit der Welt, handelt wie jeder andere auch, er ißt, schläft, wäscht sich, spricht mit Menschen, aber der Geist gerät nicht ins Wanken, sondern bleibt jederzeit ruhig und friedvoll.

VI

Karma ist die Absicht

Wenn wir *Karma* und Wiedergeburt richtig verstehen wollen, dann müssen wir diese im Licht des »Nicht-Ich« betrachten. Beide verkünden ganz deutlich das »Nicht-Ich« und doch ziehen die meisten Menschen dies überhaupt nicht in Betracht, sondern sprechen von »meinem« *Karma* und von »meiner« Wiedergeburt. Besonders »meine« Wiedergeburt ist absurd. Meinen sie damit ihre letzte oder eine in der Zukunft? Denken wir, daß »Ich« wieder da sein werde? Im allgemeinen Sprachgebrauch haben wir wenig Ausdrucksmöglichkeiten, aber dennoch entspringt das gesprochene Wort unserem Denkprozeß.

Viele Menschen fragen, was wiedergeboren wird, wenn es nicht das »Ich« ist. *Karmische* Resultate werden wiedergeboren. Aber das neue Wesen sieht gewiß nicht so aus oder handelt so wie derjenige, den wir kennen, hat nicht denselben Namen, nicht dieselbe Gestalt oder dasselbe Geschlecht, braucht nicht einmal Mensch zu sein. Es gibt keine andere Verbindung außer dem *Karma*. Da wir ganz klar erkennen können, daß derjenige, der wiedergeboren wird, nur durch das *Karma* des Wiedergeburtsbewußtseins mit dem vorangegangenen Leben verbunden ist, sehen wir genauso deutlich, daß *Karma* unpersönlich, ohne Individualität ist. Wenn wir von »meinem« *Karma* sprechen, dann handelt es sich in Wirklichkeit um einen unpersönlichen Prozeß. Es ist nicht Schuld und Sühne, obwohl es so aussehen mag und eine weitverbreitete Ansicht ist. Viele von unseren eingefahrenen Ansichten sitzen so tief, daß es äußerst schwierig ist, einen radikal anderen Standpunkt zu verstehen.

Karma bedeutet in Wirklichkeit nur Handlung. So verstand man es in Indien zur Zeit des Buddha. Um den Menschen zu verdeutlichen, was es wirklich bedeutet, sagte der Buddha: „*Karma*, ihr Mönche, erkläre ich, ist die Absicht.“ Zuerst steigt sie in unseren Gedanken auf, wodurch dann Sprechen und Handeln erzeugt werden. Das war die neue Interpretation, die der Buddha zum *Karma* abgab, weil es weitgehend mißverstanden und als vorausbestimmtes Schicksal angesehen wurde. Es gab Lehrer zu seiner Zeit, die es so lehrten, was der Buddha als falsche Ansicht brandmarkte, als irreführend und zu unheilsamen Resultaten führend.

Diese Ansicht vom vorausbestimmten Schicksal kursiert heute ebenso wie zu den Zeiten des Buddha. Oft wird es so ausgedrückt: „Ich kann nichts dagegen tun, es ist mein *Karma*.“ Das ist die größte Torheit, an der wir anhaften können, weil sie die Last der eigenen Absichten auf einen früheren nebulösen Menschen abwälzt, den wir nicht einmal kennen. Mit anderen Worten, wir übernehmen keine Verantwortung für unsere eigenen Taten, was ein sehr verbreiteter Fehler ist.

Es ist schwerer, einen Menschen zu finden, der Verantwortung übernimmt, als einen, der dies nicht tut. Die meisten Menschen wollen nicht einmal die Verantwortung für sich selbst übernehmen, sie sind schon zufrieden, wenn ihr Leben einigermaßen verläuft. Aus dieser Schwierigkeit erwächst die Idee des vorherbestimmten Schicksals. „Was kann ich tun? Es ist nicht meine Schuld, es ist mein *Karma*!" Das beraubt uns jeglicher Möglichkeit, das *Dhamma* zu praktizieren. Der Buddha hat gesagt: „Wenn dem so wäre, dann wäre weder das heilige Leben möglich, noch wäre es durchführbar, erleuchtet zu werden." Das ist die erste falsche Ansicht, die wir schnell aus unserem Denkprozeß beseitigen müssen, wenn wir ein spirituelles Wachstum anstreben.

Karma ist die Absicht, und die Absicht ist jetzt; was bedeutet, daß wir jetzt, in jedem wachen Augenblick, *Karma* machen. Wenn jedoch zwei Menschen das gleiche *Karma* machen, dann bekommen sie noch nicht die gleichen Resultate. Das ist eine weitere Erklärung, die der Buddha betonte. Da *Karma* unpersönlich ist, ist es nur mit einer Flut von Ereignissen verbunden, die aus sich heraus Ergebnisse schaffen. Das ist das Gesetz von Ursache und Wirkung. Dies ist alles, was es gibt, und die Lehre des Buddha wird manchmal die Lehre von Ursache und Wirkung genannt.

Manchmal begegnen wir Menschen, die sehr nett sind, die keiner Fliege etwas zuleide tun würden, und doch erleiden sie eine Menge Unglück. Oder andere, die schwierig und unfreundlich sind, aber ihnen scheint alles zu glücken. Wie ist das möglich? Das hängt völlig von der Ansammlung ihres guten und schlechten *Karma* ab, das sich in ihrem individuellen Geistkontinuum zeigt. Der Buddha gab das folgende Gleichnis: „Wenn jemand einen Teelöffel voll Salz in eine Tasse Wasser gibt, dann wird diese Tasse Wasser ungenießbar. Wenn jemand einen Teelöffel voll Salz in den Ganges gibt, dann verändert dies den Fluß nicht im geringsten, das Wasser bleibt genau dasselbe." Wenn jemand schlechtes *Karma* macht und hat nur einen Löffel voll gutes *Karma*, dann sind die Resultate katastrophal. Wenn jemand einen Fluß voll von gutem *Karma* zur Unterstützung hat, dann werden die Auswirkungen unbedeutend sein. Deshalb können wir niemals die Resultate, die Menschen erleben, miteinander vergleichen, weil wir nicht ihre Vorgeschichten kennen.

Das Geistkontinuum, das wir mit uns bringen, hat selbstverständlich Einfluß auf dieses Leben, besonders darauf, an welchem Ort wir geboren werden, unter welchen Umständen und in welcher Familie. Der Buddha gab dafür ein Gleichnis: „Wenn eine Herde Kühe in einen Stall gesperrt ist und die Stalltür geöffnet wird, dann wird die Kuh, die am stärksten ist, zuerst hinausgehen. Wenn es keine solche gibt, dann wird diejenige, die die gewohnheitsmäßige Anführerin ist, als erste durch die Tür gehen; wenn es keine gewohnheitsmäßige Leitkuh gibt, dann wird diejenige, die dem Tor am nächsten steht, als erste herausgehen. Wenn es auch die nicht gibt, dann werden alle versuchen, zur gleichen Zeit hinauszulaufen."

Dies beschreibt die Geistesmomente im Augenblick des Todes. Weil der Tod jedem ohne Rücksicht auf das Alter bevorsteht, so ist es ratsam, sich auf ihn jetzt schon vorzubereiten.

Der letzte Gedanke im Moment des Todes treibt das Wiedergeburtsbewußtsein zu seinem nächsten Ziel. Wir können das damit vergleichen, wenn wir am Abend zu Bett gehen und unser letzter Gedanke ist, daß wir am nächsten Morgen um vier Uhr aufwachen wollen. Die meisten Menschen bringen das leicht fertig. Der letzte Gedanke wird der erste beim Aufwachen sein. Beim Sterben ist es genau das gleiche, nur ist der Körper, der dann aufwacht, ein neuer und sieht ganz anders aus. Es ist anzunehmen, daß wir wieder ein Mensch sein werden, außer wir haben uns zu schlecht für solch eine Wiedergeburt benommen. Auch wenn sich Menschen oft wünschen, im Reich der *Devas* wiedergeboren zu werden, werden sie wahrscheinlich doch wieder als Menschen in Erscheinung treten.

Der letzte Gedanke ist mit der stärksten Erfahrung in diesem Leben verbunden. Wenn zum Beispiel jemand einen Menschen umgebracht hat, dann wäre dies eine einschneidende Erinnerung und kann so zum letzten Gedanken werden. Wenn jemand ein Kloster oder einen Tempel gebaut hat, dann mag dies ein sehr tiefgehender Gedanke sein. Oder jemand hat immer die Tugendregeln eingehalten, dann kann sich der letzte Gedanke darauf beziehen. Was unseren Geist am meisten beschäftigt hat, das wird wahrscheinlich erscheinen. Anderenfalls übernimmt unser gewohnheitsmäßiges Denken die Führung. Wenn jemand normalerweise unzufrieden oder ärgerlich war, dann wird dies im Geist sein. Wenn jemand viel liebende Güte, Mitgefühl und Hilfsbereitschaft für andere hatte, dann werden solche Gedanken aufkommen.

Wenn keine besondere Denkgewohnheit vorherrscht, dann hat das, was den Sinnestoren während des Sterbens am nächsten kommt, Vorrang. Der letzte Sinn, der schwindet, ist das Hören. Es ist deshalb in den meisten Religionen üblich, daß andächtige Verse von Mönchen oder Nonnen rezitiert werden, die helfen sollen, einen guten letzten Gedanken hervorzurufen. Wenn diese letzten Geistesformationen heilsam sind, dann wird die Wiedergeburt günstig sein. Das bedeutet nicht, daß der Rest der *Karma*-Resultate verschwindet. Es bedeutet nur, daß die Triebkraft beim Tod eine gewisse Richtung einschlägt. Deshalb sind die letzten Gedankengänge von entscheidender Bedeutung.

Wenn ein Mensch sehr großzügig gewesen ist, dann kann er auch daran beim Sterben denken. Es ist deshalb äußerst hilfreich, einen sterbenden Menschen an all die guten Dinge zu erinnern, die er in diesem Leben getan hat: an seine Großzügigkeit, die gute Erziehung der Kinder, seine liebende Fürsorge, vor allem auch weil die meisten Menschen dazu neigen, Reue und Schuldgefühle zu empfinden. Es ist in den letzten Jahren erkannt worden, daß das Sterben ein sehr wichtiger Teil des Lebens ist, selbst wenn im Westen viele Menschen nicht an eine Wiedergeburt glauben. Jeder schenkt einem neugeborenen Baby viel Aufmerksamkeit, weil wir annehmen, daß dieses Baby eine lange Zeit da sein und ein wichtiges Familienmitglied sein wird. Aber wenige beachten den Augenblick des Todes gebührend, weil der Mensch danach verschwunden ist. Aber wir haben jetzt erkannt, daß dies nicht die richtige Art und Weise ist, mit Menschen umzugehen, und es gibt bereits viele Krankenhäuser für schwerkranke und sterbende Menschen, in denen auf ihren Geisteszustand großen Wert gelegt wird, um Angst und Furcht zu verkleinern oder ganz zu nehmen. Obwohl kaum jemand dort an eine Wiedergeburt glaubt, wird dennoch der Tod als etwas sehr Bedeutsames angesehen.

Noch ein anderer Faktor spielt bei unserer Todeserfahrung eine Rolle. Wir sind jetzt auf technischem Gebiet weit genug entwickelt, so daß in einigen Fällen Menschen, die klinisch tot waren, durch Methoden, die in westlichen Krankenhäusern üblich sind, ins Leben zurückgebracht werden konnten. Eine Anzahl dieser Menschen berichteten ihren Ärzten von ihren »Todes«erlebnissen. Einige Ärzte, im besonderen Dr. Moody, haben über diese Phänomene geschrieben. Ein besonderer Grundzug dieser Berichte besteht darin, daß sie in ihren wesentlichen Details praktisch identisch sind. Das gibt uns einen weiteren Hinweis auf das »Nicht-Ich« (*anattā*).

Ausnahmslos waren alle von ihrem »Tod« freudig beeindruckt und sind nur widerwillig zurückgekehrt. Einer erwachte sehr verärgert über den Arzt, daß durch ihn das Lebenskontinuum wiederhergestellt worden war. Die Erlebnisse waren alle mit einem sehr hellen Licht verbunden und dem Vorhandensein völliger Klarheit des Geistes, aber dem Fehlen eines Körpers. Jeder dieser Menschen konnte seinen eigenen Körper im Krankenhausbett liegen sehen und bewegte sich fort zu dem hellen Licht hin, vollbewußt dieser Geschehnisse, einschließlich der Beobachtung des Arztes bei seiner Arbeit. Dann, nachdem sie sich vom Krankenhaus entfernt hatten und in ein Gebiet von Seligkeit, Glück und großem Frieden eingetreten waren, berichteten einige von ihnen von Wesen, die sie trafen. Die meisten von ihnen beschrieben ein besonderes Wesen, das »Licht« war. Keine dieser Beschreibungen hatte irgendeine religiöse Symbolik an sich, aber sie waren sich alle ähnlich oder identisch. Durch solche Bücher, die immer größeren Kreisen bekannt werden, hat der Augenblick des Todes seine ihm gebührende Wichtigkeit gewonnen.

In den fünf täglichen Betrachtungen fordert uns der Buddha auf, uns zu erinnern, daß wir sterblich sind. An anderer Stelle spricht er über die Tatsache, daß der letzte Gedanke äußerst wichtig und es daher unumgänglich nötig sei, seine Gedanken bei Lebzeiten in Ordnung zu bringen. Auf dem Totenbett ist es zu spät. Die heilsamen Aspekte unserer Gedanken sind immer mit liebender Güte, Mitgefühl, Freigebigkeit und Gleichmut verbunden. Wenn wir sie jetzt in unserem Geist entwickeln, als einen gewohnheitsmäßigen Gedankengang, dann können wir sie auf unser Totenbett mitnehmen. Wir sind dann letzten Endes nicht nur einer günstigen Wiedergeburt gewiß, sondern auch innerer und äußerer Harmonie zu Lebzeiten. Das wird es uns auch ermöglichen, das *Dhamma* wieder zu praktizieren. Sollten wir in eine sehr arme Familie hineingeboren werden, in der keiner genug zu essen hat, würde es sehr schwierig sein, sich zur Meditation niederzusetzen, weil in einer armen Familie jeder mitarbeiten muß, um zu überleben. Wenn wir in einer Kultur wiedergeboren werden, in der Meditation unbekannt ist, würde es sehr schwer sein, unsere Praxis fortzusetzen. Es ist deshalb nicht weise, mit dem Geistestraining bis zum Alter oder Tod zu warten, sondern lieber schon jetzt anfangen zu üben. Das bringt mit sich, daß wir unsere Geistesformationen durch Achtsamkeit und Aufmerksamkeit kennenlernen.

Unser Auftritt hier ist recht kurz; selbst 70 Jahre sind nicht sehr lang. Wir könnten uns als Schauspieler betrachten, die immer auf Applaus warten. Natürlich macht dies das Leben recht schwierig. Zunächst haben wir Lampenfieber. Werden wir alles richtig machen? Wenn wir unseren Auftritt hinter uns haben, wird dann der Beifall folgen? Wenn wir ihn nicht bekommen, dann fühlen wir uns völlig vernichtet. Wenn wir uns vorstellen, daß wir ein Gastspiel auf diesem Planeten geben, so ist diese Sichtweise hilfreich; das Warten auf den Applaus dagegen ist eine falsche Art des Denkens. Wenn wir wissen, daß wir mit allen unseren Fähigkeiten das Bestmögliche tun, dann brauchen wir auf keines Menschen Anerkennung zu warten. Wir können einfach immer wieder rechte Absichten entwickeln. Dies ist von größter Bedeutung, weil die Absicht zum Guten sowohl einen selbst als auch unsere Umwelt betrifft. Weniger Ich-Bezogenheit bringt uns die Freiheit, andere innigst zu umarmen.

Wir dürfen natürlich nicht das *Dhamma* und die Meditation vernachlässigen, denn nur, wenn wir uns selbst bis zu einem gewissen Grad weiterentwickelt haben, können wir anderen helfen; sonst handeln wir aus Unwissenheit, was nicht zu guten Ergebnissen führt.

Wenn wir uns mit unserer nächsten Wiedergeburt beschäftigen, dann leben wir wie in einem Traum. Der Mensch, der jetzt das *Karma* macht, ist nicht derselbe, der die Resultate erntet. Die einzige Beziehung sind die karmischen Resultate (*vipāka*). Selbst diese Verbindung ist sehr schwach, denn wir können die Kette unterbrechen. Wenn ein Mensch eine Menge schlechtes *Karma* gemacht hat und im nächsten Leben viel gutes *Karma* macht, dann brauchen die schlechten Resultate nicht zu reifen und genauso umgekehrt.

Ein charakteristisches Beispiel dafür ist Angulimala, der 999 Menschen tötete und doch ein *Arahant* wurde, weil er in ein Kloster unter der Leitung des Buddha kam, in dem sein schlechtes *Karma* keine Chance hatte, Früchte zu tragen. Jedoch wurde Mahamogallana, nachdem er schon ein *Arahant* war, aufgrund seines früheren *Karma* von Räubern getötet und seine Gebeine zermalmt. Wir können kein Konto für das gute *Karma* gegen alle Eventualitäten einrichten, weil wir auf den Menschen, der das *Karma* erbt, das wir in diesem Leben geschaffen haben, keinen Einfluß haben. Wenn wir aber jetzt gutes *Karma* machen, dann bringt es unverzügliche Ergebnisse von Glück und Zufriedenheit im Geist und meistens auch Freude für andere. Wenn wir andere glücklich machen können, dann ist das wieder ein Grund, uns selbst zu freuen.

Es ist unnütz, über *Karma* nachzudenken, das in einem vergangenen Leben gemacht wurde oder in einem zukünftigen Leben geschaffen wird. Niemand von uns wird etwas über sein nächstes Leben wissen, noch können die meisten sich an irgend etwas aus ihrem letzten Leben erinnern. Warum sollen wir dann darüber nachdenken? Nur dieser Augenblick, gerade jetzt, ist wichtig. Die Vergangenheit ist wie ein Traum, und die Zukunft ist Projektion. Wenn die Zukunft tatsächlich passiert, dann ist sie immer schon Gegenwart. »Morgen« kann niemals geschehen; wenn es eintrifft, dann wird es »heute« genannt. Wir können weder in der Zukunft noch in der Vergangenheit leben, sondern nur in diesem einen Augenblick. Wenn wir wirklich jeden Moment achtsam erleben, können wir auch gut meditieren. Wir hätten dann auch keinerlei Zweifel an der Vergänglichkeit (*anicca*); vielmehr würden wir sie so klar erkennen, daß wir all unsere Anhänglichkeiten, unser Anhaften loslassen könnten.

Wir könnten einmal folgendes überlegen: „Habe ich jeden Augenblick bestens genutzt?" Wenn wir in der Vergangenheit schlechtes *Karma* gemacht haben, dann können wir uns schnell entschließen, gute Taten zu vollbringen. Das ist der einzige Nutzen, den wir aus der Vergangenheit ziehen können. Ansonsten ist der wirksamste und zwingendste Aspekt der Vergänglichkeit der, daß wir uns so schnell von jedem Denken, Sprechen und Handeln wieder fortbewegen, daß wir uns nicht einmal daran erinnern oder irgend etwas gar festhalten können.

Wir versuchen jedoch immer wieder, uns auf andere Menschen oder auch auf unsere Ideen, Ansichten und Meinungen zu verlassen; wir hängen an diesem Körper, an physischen Erscheinungen und geistigen Verwirrungen und wollen sie solide machen. Es gelingt nie, denn es gibt immer nur den jetzigen Augenblick. Bei Digitaluhren können wir leicht erkennen, wie jeder Moment kommt und geht. Wir können einmal fünf Minuten lang eine Uhr betrachten und uns bewußt werden, daß fünf kostbare Minuten unseres Lebens vergangen sind. Die Vergangenheit ist in der Tat vergessen, abgesehen von einigen Höhepunkten, aber sonst ist alles verschwunden. Das zeigt uns ganz klar, daß wir eine flüchtige Erscheinung ohne Substanz sind. Wir legen eine Substanz hinein, durch unsere völlig falsche Einschätzung der total unwirklichen Realität, in der wir leben. Es ist wie ein Theaterstück, das wir uns selbst ausgedacht haben, bei dem wir alle Kostüme tragen, Texte vortragen und glauben, das sei das wahre Leben. Wir wünschen uns, daß das Theaterstück immer weitergeht, aber da das nicht möglich ist, so hat jeder *Dukkha*, das nicht durch Ignorieren oder Gleichgültigkeit beseitigt werden kann, sondern nur durch ein verändertes Bewußtsein und eine andere Sichtweise.

Das *Karma*-Machen geht erst einmal vom Geist aus. Unsere Geistesformationen gestalten unser *Kar-*

ma. Solange unser Geist uns nicht gehorcht, können wir es nicht vermeiden, schlechtes *Karma* zu machen. Der Geist läuft ständig Gefahr, etwas Unheilsames zu denken. Die Negativitäten im Geist sind unzählbar: „Ich mag das nicht, kann es nicht ausstehen. Ich habe Angst, es ist langweilig..." Dies ist alles mit Ärger verbunden. „Ich möchte das haben, besitzen, behalten, erneuern" bedeuten ebenfalls schlechtes *Karma*, da Gier im Spiel ist. All dies steigt im Geist auf.

Sehr wenige Menschen passen auf ihren Geist auf. Sie halten dies für schwierig und ermüdend. Aber es ist viel ermüdender, schlechtes *Karma* zu machen, weil die Resultate bedrückend und unangenehm sind. Sehr wenige Menschen haben jenen inneren Schwung, der unabhängige Freude bedeutet. Die meisten Menschen werden durch ihre eigenen Negativitäten niedergedrückt, nicht etwa durch äußere Umstände. Den eigenen Geist beobachten und die vier großen Anstrengungen praktizieren ist das Heilsamste, was wir für uns tun können, und garantiert gutes *Karma*.

Aus unseren Gedanken erwachsen Sprache und Handeln. Wir können nichts aussprechen, ohne es zuvor gedacht zu haben, und wir können nicht handeln, ohne uns vorher im Geist dazu entschlossen zu haben. Obwohl Menschen impulsiv sprechen und handeln, ohne sich dessen bewußt zu sein, daß ein Gedanke vorausgegangen ist, so heißt das nicht, daß kein Gedanke da war. Das bedeutet nur, daß Achtsamkeit und Wissensklarheit fehlten. Unser Geist ist das kostbarste Gut, das wir haben. Kein Edelstein kann sich mit ihm vergleichen, weil der Geist den Samen der Erleuchtung in sich trägt. Wenn wir ihn nicht richtig benutzen, dann vergraben wir leichtfertig ein Juwel im Schmutz. Wir tun dies oft, vor allem weil uns in erster Linie die Geistesschulung fehlt.

Wenn wir erkennen, daß wir dieses kostbarste Juwel des Geistes besitzen, dann werden wir ihn davor bewahren, zerkratzt, zerbeult und verschmutzt zu werden und seinen Glanz zu verlieren, sondern werden vielmehr dafür sorgen, daß er rein und leuchtend bleibt und dabei gutes *Karma* macht. Die Tat selbst, hat der Buddha gesagt, ist nicht von vorrangiger Bedeutung, sondern die Absicht, die dahinter steckt. Sogar Großzügigkeit kann aus einer schlechten Motivation heraus entstehen. Wenn wir damit beabsichtigen, Verdienste für die Zukunft anzusammeln, dann ist das ziemlich egoistisch. Wenn es jedoch aus Mitgefühl für jene geschieht, die weniger als wir haben, dann ist das die ideale Art und Weise. Jedoch ist es immer noch besser, mit falscher Motivation großzügig zu sein als gar nicht. Es liegt darin gutes *Karma*, weil wir etwas weggeben, was uns gehört hat.

Wenn wir unseren Geist beschützen, können wir ziemlich sicher sein, daß alles, was wir tun, in der rechten Absicht geschieht; dies ist der zweite Schritt auf dem Edlen achtfachen Pfad, der unsere Richtschnur ist. *Karma* hängt vom Geist ab, und die Lauterkeit des Geistes von der Meditation. Wenn wir fleißig und regelmäßig meditieren, dann können wir bald klar erkennen, was in unserem Geist vor sich geht. Manche Menschen sind schon damit zufrieden, wenn sie ein bißchen Frieden erleben, aber sogar das ist ja bereits ein Vorteil und eine Bereicherung. Wenn wir in der Meditation den Geist beobachten, dann lernen wir auch, ihn im Alltag zu beobachten. Dann haben wir die besten Aussichten, gutes *Karma* zu machen.

Wenn wir genug haben von dem sich immer wiederholenden Kreislauf von Verlust und Gewinn, Lob und Tadel, Ruhm und Verleumdung, Glück und Unglück (die acht weltlichen *dhammas*), dann müssen wir uns voller Entschlossenheit anstrengen, Begierde und Anhaften abzustreifen. Die Meditation bildet die Grundlage für diese Anstrengung, aber sie ist nicht alles. Meditation ist ein Mittel, um uns zu befähigen, unsere Neigungen zu Haß und Gier loszulassen. Die Meditation ermöglicht dem Geist die Klarheit, diese Neigungen in sich selbst zu erkennen, so daß wir etwas gegen sie unternehmen können.

In diesem Leben als Mensch mit allen Sinnen, unversehrtem Körper und der Möglichkeit, das wahre *Dhamma* zu hören, besteht unsere Aufgabe darin, unseren Geist zu beschützen und seine wahre Natur zu erfahren, die aus Reinheit, Glanz und Geschmeidigkeit besteht. Ein solcher Geist kann die Tiefgründigkeit der Lehre erfassen, wo wir niemandem begegnen, dem der Geist gehört.

VII

Die spirituellen Fähigkeiten

Der Buddha sprach von fünf spirituellen Fähigkeiten, die sich in spirituelle Kräfte verwandeln, wenn wir sie entwickeln. Wir alle haben diese Fähigkeiten in uns, und wenn wir sie entfalten, werden sie zu machtvollen Qualitäten, die Erleuchtungsfaktoren darstellen. Solange sie nur Fähigkeiten sind, sind sie das Potential für die Erleuchtung.

Der Buddha verglich sie mit einer Gruppe von Pferden mit einem Leitroß und zwei Paaren, die einen Wagen ziehen. Das Leitpferd kann so schnell oder so langsam traben, wie es will, die anderen müssen mit ihm Schritt halten. Die Paare müssen ihr Tempo untereinander ausgleichen, denn wenn eines schneller liefe als das andere, würde der Wagen umkippen.

Die anführende Fähigkeit ist Achtsamkeit. Es hängt von uns ab, wieviel wir davon in jedem Augenblick aufbringen. Achtsamkeit ist ein Geistesfaktor, der mit einem Beobachter verglichen werden kann. Wenn wir zu jeder Zeit einen Beobachter bei uns haben, dann ist es wahrscheinlicher, daß wir auf dem spirituellen Pfad bleiben.

Das erste Paar, das ausbalanciert sein muß, ist Vertrauen und Weisheit. Es gibt ein Gleichnis, das der

Buddha für diese beiden Eigenschaften benutzte. Er verglich Vertrauen mit einem blinden Riesen, der einem kleinen, sehr scharfsichtigen Schwächling mit dem Namen Weisheit begegnet. Der blinde Riese, Vertrauen genannt, sagt zu dem kleinen, scharfäugigen Schwächling, mit Namen Weisheit: „Ich bin stark und kann mich sehr schnell fortbewegen, aber ich kann nicht sehen, wohin ich gehe. Du bist klein und schwach, aber du hast scharfe Augen. Wenn du dich auf meine Schultern setzen würdest, könnten wir zusammen sehr weit kommen." Das erklärt uns, daß Vertrauen ohne Weisheit, obwohl es eine kraftvolle Eigenschaft ist, trotzdem unfähig ist, die korrekte Richtung zu finden.

Wir sagen „Glaube kann Berge versetzen", aber wenn er blind ist, weiß der Glaube nicht, welche Berge versetzt werden sollen. Jedoch mit Weisheit verbunden, ergeben sich enorme Möglichkeiten. Die Ursache für diese Stärke liegt darin, daß Herz und Geist in Gleichklang gebracht werden. Der Geist kann Weisheit und das Herz kann Vertrauen besitzen. Wenn Herz und Geist zu einer Koexistenz kommen und nicht länger getrennt voneinander sind, dann ist die Kraft, die daraus erwächst, viel größer als würden wir $1 + 1 = 2$ addieren. Sie entspricht eher der Potenz von 2.

Vertrauen als Herzensqualität hat deshalb einen so hohen Wert, weil es mit Liebe verbunden ist. Wir können Vertrauen nur in etwas oder jemanden haben, das oder den wir lieben. Vertrauen steht auch mit Hingabe in Verbindung, die ein Loslassen von sich selbst bedeutet und den Stolz verringert. Dies sind wertvolle und notwendige spirituelle Eigenschaften. Wenn wir einem hohen Ideal wie *Buddha-Dhaṃma-Sangha* hingegeben sind, dann haben wir verstanden, daß es etwas Größeres als uns selbst gibt. Die Hingabe, die wir für dieses Ideal aufzubringen vermögen, zeigt sich in unserer Liebe und Bewunderung, in Ehrerbietung und Dankbarkeit, deren Entfaltung von äußerster Wichtigkeit ist.

Der Buddha lehrte, daß blinder Glaube nutzlos sei. Blinder Glaube bedeutet, daß wir ohne eigene Untersuchung akzeptieren, was uns erzählt wird, an das glauben, woran unsere Familie festhält, oder weil es in speziellen Büchern steht, vom Lehrer zum Schüler weitergegeben wurde, weil es uns irgendwie zusagt, vielleicht eine mystische Offenbarung verspricht, oder weil der Lehrer eine respektierte Persönlichkeit ist. All dies sind keine Gründe, um einem spirituellen Pfad zu folgen. Aber wenn sich Weisheit im Geist einstellt, ohne die das Leben schier unerträglich wäre, dann können wir ganz leicht herausfinden, ob unser Vertrauen und unsere Hingabe gerechtfertigt sind.

Wir können zum Beispiel die erste und zweite Edle Wahrheit viele Male am Tag an uns selbst bestätigt finden. Wenn wir das tun, dann wissen wir, was sie bedeuten; sie nur zu glauben, wäre nicht sehr hilfreich, denn dies bewirkt in unserem Herzen und unserem Geist keine Veränderung. Wir können ohne große Schwierigkeit die Vergänglichkeit und die Unzulänglichkeit aller weltlichen Erscheinungen nachprüfen. Dabei erlangen wir allmählich immer mehr

Weisheit. Der unerschütterliche Glaube an *Buddha-Dhamma-Sangha* ist eines der Ergebnisse, das ein Stromeingetretener (*Sotâpanna*) durch den ersten Pfadmoment* erfährt, denn bis dahin besteht noch die Fessel des Zweifels.

Wenn wir in uns unerschütterliches Vertrauen in die Wahrhaftigkeit und Richtigkeit der Lehren des Buddha gewonnen haben, dann haben wir einen bedeutsamen Schritt gemacht. Unser Herz wird in einer Weise geöffnet, die äußerst hilfreich ist, aber das Verstehen muß damit einhergehen. Im Pali bezeichnet das eine Wort »*citta*« Fühlen und Denken, aber im Deutschen müssen wir zwischen Herz und Geist unterscheiden, weil wir das Fühlen als eine Eigenschaft des Herzens und das Denken als eine Eigenschaft des Geistes betrachten, ansonsten können wir nicht genau ausdrücken, was wir meinen.

Die Fähigkeit unseres Denkens besteht aus Rationalität und Logik, die durch unsere starken Emotionen und die Reaktionen auf unsere Gefühle beeinträchtigt wird. Die Formel für das spirituelle Wachstum lautet: „Die Läuterung der Gefühle bringt Klarheit des Denkens." Wenn unsere Emotionen Reinheit ausstrahlen, wie z.B. bei Hingabe, Dankbarkeit, Ehrerbietung und Vertrauen, dann haben unsere Gedan-

---

* Der erste Pfadmoment bedeutet ein erstmaliges Erleben, daß kein »Ich« vorhanden ist, und der darauf folgende Fruchtmoment bringt das Erkennen dieses Erlebnisses und damit Glück, Beschwingtheit, Erleichterung. Der Mensch, dem dies widerfährt, ist ein Stromeingetretener, der nun auf dem Weg zu *Nibbāna* fest verankert ist.

ken viel mehr Möglichkeiten für Klarheit. Die unlauteren Gefühle, die mit den Leidenschaften von Wollen oder Ablehnen verbunden sind, behindern unsere Denkfähigkeit. Wir können nicht »klar« denken, wenn wir unter den Einfluß starker Emotionen geraten sind.

Unser Erziehungssystem nimmt davon nicht die geringste Notiz, noch lehren Eltern dies ihre Kinder, der Buddha jedoch lehrte es ausdrücklich. Jeder Mensch hat eine rechte und eine linke Gehirnhälfte, die wir als männlich und weiblich klassifizieren; die rechte beherbergt das weibliche in uns und die linke das männliche. Die linke oder männliche Seite ist für die rechte Seite des Körpers zuständig und umgekehrt. Ebenso wie die Pferdepaare im Gleichnis des Buddha ins Gleichgewicht kommen müssen, so sollten die männliche und die weibliche Seite in uns ein harmonisches Ganzes bilden. Die männliche Seite ist gewöhnlich mit unserer Rationalität, mit Logik, geradlinigem Denken und Verstand verbunden. Zur weiblichen Seite gehören Gefühle, Fürsorge, Mitgefühl und Liebe. Jeder von uns hat beides, die emotionale und die geistige Kapazität. Wenige Menschen entwickeln sie gleichmäßig. Deshalb gibt es oft Unfälle. Emotionalität ohne Überlegung ist ebenso eine Gefahr wie Denken, das ohne Kontakt zu den eigenen Gefühlen vor sich geht. Beides kann uns vom rechten Weg wegführen.

In der Schule haben wir ehemals das Debattieren gelernt. Wir erhielten ein Thema, das wir mit einem anderen Kind erörtern sollten. Wenn wir fertig waren, tauschten wir die Seiten und wurden aufgefordert, die entgegengesetzte Meinung zu vertreten und darüber zu debattieren, indem wir alle Faktoren der Gegenseite vorzubringen hatten. Jedes Kind kann dies, jeder Erwachsene ebenso. Es ist einfach geradliniges Denken. Wir können im Handumdrehen den entgegengesetzten Standpunkt einnehmen.

In keiner Meinung liegt eine grundlegende Wahrheit, weil es sich einfach um lineares Denken handelt. Wenn jedoch diese Gedanken mit unseren Gefühlen verbunden sind, können wir in der Debatte nicht mehr die Gegenseite vertreten. Das ist die altbekannte Geschichte mit der Mango. Wir müssen hineinbeißen, um ihren Geschmack zu erfahren. Man kann uns viel über eine Mango erzählen. Sie sei saftig, süß, köstlich und weich, aber wir können uns ihren Geschmack nicht vorstellen, bevor wir nicht die Mango auf unserer Zunge spüren und damit die persönliche Erfahrung haben. Dann brauchen wir nicht länger zu debattieren, ob die Mango süß ist oder nicht, denn wir haben die Wahrheit erfahren. Das ist der Unterschied zwischen einfachem Denken und dem Denken, das mit der gefühlsmäßigen Erfahrung verbunden ist.

Ein Mensch, der sich zu weit auf die Seite des rationalen Denkens begeben hat, muß lernen, durch Erkennen der Gefühle den Ausgleich zu schaffen. Wenn wir viel denken und mit unseren Gefühlen kaum vertraut sind, müssen wir starke Achtsamkeit auf die Gefühle praktizieren. Andererseits wird der weibliche Teil in uns oft überemotional. Das heißt, wir werden durch unsere Gefühle geradezu mitgerissen und unser Denken wird folglich beeinträchtigt. Das logische Denken, das Eintauchen in einen Denkprozeß und damit die Fähigkeit zu analysieren sind nicht möglich, wenn die Gefühle im Vordergrund stehen. Natürlich steht das bei Frauen im Zusammenhang mit der Moral der patriarchalischen Gesellschaft, aber in erster Linie entspringt es der Tatsache, daß wir das in uns vorhandene Potential der beiderseitigen Fähigkeiten, das in jedem, ob Mann oder Frau, vorhanden ist, nicht genügend entwickelt haben.

Ein Mensch, der primär analytisch veranlagt ist, steht oft unter dem Eindruck, daß er dadurch alle gewünschten Resultate erzielen kann. Ein solcher Mensch wird kaum versuchen, mit seinen Gefühlen in Berührung zu kommen, außer es wird ihm oft genug nahegebracht und er wird dazu angespornt. Wenn wir uns dagegen immer auf Emotionen beziehen und auf sie reagieren, sind wir so daran gewöhnt, daß wir nichts anderes tun können, bis durch die Meditation offenbar wird, daß es eine Alternative dazu gibt.

Wenn wir uns nur auf unsere Emotionen beziehen und auf sie reagieren, dann kann das Leben sehr schwierig sein. Menschen, die so leben, versuchen oft, als Ausweg aus diesem Dilemma ihre Emotionen abzutöten. Das ist natürlich keine Lösung, vielmehr geht es um die innere Läuterung. Bevor der Mensch, der hauptsächlich denkt, dies in Angriff nehmen kann, muß der Kontakt mit der Gefühlswelt hergestellt werden. Wer mit Emotionen lebt und ständig auf sie reagiert, muß natürlich mit ihnen in Verbindung bleiben, aber nicht, um sie abzutöten, sondern um heilsame Reaktionen zu fördern. Wenn die Läuterung der Emotionen stattfindet, dann wird das Denken nicht länger von nebelhaften Unsicherheiten überschattet. Solange wir nicht daran arbeiten, nutzen wir nur die Hälfte unserer Fähigkeiten. Vertrauen und Weisheit bedeuten also die Emotionen und das Denken. Wenn wir beides ausbilden, entwickeln wir unsere Fähigkeiten zu gewaltiger Stärke. Die Harmonisierung unserer Emotionen mit unserem Denkvermögen ist die Essenz der Balance von Vertrauen mit Weisheit.

Ein starker Geist ist von großem Gewinn, aber nur im Zusammenspiel mit geläuterten Emotionen. Vertrauen ist eine solcher geläuterten Emotionen. Für Menschen, die mehr von Gier als von Haß bestimmt werden, ist es viel leichter, Vertrauen zu fassen. Vertrauen erweckt angenehme Gefühle, was auch die Richtung ist, die Gier einschlägt. In diesem Fall ist Gier von Vorteil, obwohl sie grundsätzlich ein negativer Wesenszug ist. Aber wenn wir sie auf positive Weise einsetzen, befinden wir uns in einem Läuterungsprozeß, indem wir das Heilsame wollen, was uns zum Überweltlichen führt.

Zunächst öffnet die Gier den Zugang zum Vertrauen und führt zu angenehmen Gefühlen. Dann können wir das Verlangen dazu benutzen, eine erfolgreiche Meditation, tiefe Einsicht und die endgültige Befreiung erleben zu wollen. Es sind alles Begierden, aber sie gehen in die rechte Richtung, indem wir Gier dazu benutzen, um Gier loszuwerden. Das ist unser bester Zugang, denn Gier wird erst vom Nichtwiederkehrer

(*Anāgāmi*)** vollständig abgelegt. Wenn wir unser Begehren in dieser Weise nutzen, dann suchen wir wenigstens nach dem, was uns den größten Segen bringen kann, und nicht nur nach Vergnügen durch die Sinne.

Der Pfad des Buddha wird der mittlere Weg genannt, weil es ein Pfad der Balance ist. Wir müssen alle Extreme ausgleichen, so daß sie eine gute Grundlage für einen harmonischen Menschen bilden, dessen Übungsweg dann Früchte tragen kann. Das ist einer der Gründe, warum der Buddha die Meditation über das Abschreckende des Körpers empfohlen hat. Viele Menschen sagen, daß sie ihren Körper nicht als etwas Widerwärtiges ansehen möchten, er sei eine gut arbeitende Maschine und sehr nützlich. Tatsächlich sind wir aber in unseren Körper verliebt; wir hängen an ihm, lieben ihn, bemühen uns, ihn zu beschützen, ihn jung zu erhalten und zu verschönern. Wir haften an ihm an und betrachten ihn als »mein«. Die Meditation über das Unangenehme des Körpers ist nicht dazu gedacht, Abscheu in uns zu erwecken, sondern soll nur einen Ausgleich zu unserer Identifikation mit dem Körper schaffen. Wir können das mit dem Balanceakt auf einem Drahtseil vergleichen; wenn wir uns zu weit nach rechts neigen, dann fallen wir herunter, und neigen wir uns zu weit nach links, dann stürzen wir ebenfalls ab. Ständiges Ausbalancieren ist notwendig, das jeder von uns für sich selbst tun muß.

** Ein Nichtwiederkehrer hat bereits dreimal das Erlebnis der Ich-Losigkeit gehabt und steht an der Schwelle zur vollen Erleuchtung.

Sobald wir merken, daß wir auf unsere Emotionen unheilvoll reagieren, müssen wir damit beginnen, uns selbst zu untersuchen. Es ist schwierig für jemanden, der immer mit den Reaktionen auf seine Emotionen gelebt hat, nun neue Horizonte zu erforschen. Die Meditationspraxis hilft dabei sehr, denn die Ruhe, die dabei sicherlich in gewissem Grade entsteht, ermöglicht die Ergründung der Wirklichkeit. Wir brauchen Selbsterkenntnis, ansonsten können wir keine Veränderungen durchführen. Innenschau und Achtsamkeit auf unsere Gefühle und Gedanken sollten genügend Einsicht in uns selbst ermöglichen, um die Grundlage für einen bedeutsamen Wandel zu bilden.

Energie und Konzentration sind das zweite Paar des Gespanns. Es ist nicht körperliche Energie, die hier gebraucht wird, sondern vielmehr Geistesenergie, die kaum etwas mit der Leistungsfähigkeit des Körpers zu tun hat. Der Weg des Buddha benötigt unerschütterliche Entschlossenheit, die transformierte Energie ist. Der Buddha hat uns mit einem Menschen verglichen, der einen in Flammen stehenden Turban trägt. Natürlich wird ein Mensch, der einen brennenden Turban auf dem Kopf hat, sehr bemüht sein, ihn loszuwerden. Diese gleiche Art von Entschlossenheit ist nötig, um eifrig zu üben. Energie ist auch abhängig davon, ob wir eine einspitzige Richtung haben. Wir erkennen, was wirklich wichtig ist und schwanken nicht hin und her zwischen gesellschaftlichem Leben, Sozialarbeit, Meditation, Amüsement und den vielen anderen Möglichkeiten, die uns offenstehen. Jeder hat mehr Energie für die Dinge, die er gerne macht. Wir müssen aufpassen, daß wir unsere Energie nicht bei der Suche nach angenehmen Sinneskontakten verschwenden, weil wir diese natürlich gern haben. Wir können erwägen, daß angenehme Sinneskontakte sehr kurzlebig sind und uns daher niemals vollkommen befriedigen werden, und daß wir unsere Energie aufbrauchen, ohne eine wirkliche Erfüllung zu finden. So handelt es sich dabei um eine Energieverschwendung.

Wir können durch Achtsamkeit und Innenschau klar erkennen, daß, wenn wir unsere Energie für Meditation und *Dhamma*-Praxis verwenden, unser *Dukkha* dadurch sehr gemindert wird. Diese Art der Lebensform beinhaltet gleichzeitig auch alle Situationen unseres Alltagslebens. Die meisten Menschen benutzen ungefähr 98 Prozent ihrer Energie, nur um am Leben zu bleiben. Nicht daß sie so hart arbeiten müssen, um ihren Lebensunterhalt zu verdienen, aber einfach um ihren täglichen Pflichten und Verantwortungen nachzukommen, damit alles weiter seinen Gang geht. Wenn unsere Energie für Meditation, Achtsamkeit und reine Aufmerksamkeit eingesetzt wird, dann werden die Fähigkeiten des Geistes bis zu einem Grade geschärft, wo die unwichtigeren Dinge und Pflichten, die nötig sind, um am Leben zu bleiben, in einem leichten und harmonischen Fluß erledigt werden können. Wir können dann beginnen, unsere freigelegte Energie für das zu gebrauchen, was wirklich wichtig ist.

Wenn Energie nicht mit Konzentration verbunden ist, verwandelt sie sich in Rastlosigkeit, und wir können dies in der Meditation beobachten. Manchmal kommt keine Konzentration zustande, aber es ist viel Energie vorhanden. Dann werden Geist und Körper unruhig; wir möchten am liebsten aufspringen und davonlaufen. Wenn die Konzentration zu stark und keine Energie dabei ist, dann kommt das dritte Hindernis auf, nämlich Lässigkeit und Trägheit. Dies ist ebenfalls leicht in der Meditation feststellbar. Bei Menschen, die gewöhnt sind, sich zu konzentrieren, und es gut können, fehlt es gelegentlich an Energie, und folglich führt die Konzentration dann zu Schläfrigkeit. Zu der Zeit sollte die Meditation auf Einsicht ausgerichtet werden und nicht auf Ruhe.

Ruhe-Meditation, die reine Konzentration ist, kann sehr wohl in Schläfrigkeit ausarten, wenn nicht gleichzeitig genug Energie vorhanden ist. Aber Einsichts-Meditation, mit dem Augenmerk auf Vergänglichkeit, auf das ständige Kommen und Gehen von Gedanken und Gefühlen, vermag die nötige Energie hervorzubringen. Da wir nur ein gewisses Maß an Energie haben, müssen wir sie auf die bestmögliche Weise nutzen. Die meisten Menschen sind sich nicht klar darüber, daß Energie ein großer Schatz ist, und verschwenden sie auf völlig nutzlose Aktivitäten. Wenn wir jedoch erkennen, daß sie für den spirituellen Pfad unentbehrlich ist, dann werden wir sorgsamer mit ihr umgehen. Wenn der Körper älter wird, nimmt die physische Energie ab, aber das muß nicht auch die geistige Dynamik miteinschließen. Im Gegenteil, wenn der Körper jung und voller Energie ist, findet eine Menge körperlicher Tätigkeit statt und der

Geist kann leicht vernachlässigt werden. Bei einem älteren Menschen, bei dem die körperlichen Aktivitäten weniger werden, kann der Geist die meiste Zuwendung bekommen, so daß die geistige Energie zunimmt.

Energie und Konzentration müssen besonders in der Meditation im Gleichgewicht sein. Wenn diese Fähigkeiten zu Kräften werden, dann führen sie zu den meditativen Vertiefungen. Wenn Weisheit eine Kraft wird, so bedeutet dies Einsicht in die drei Daseinsmerkmale: Vergänglichkeit (*anicca*), Leidhaftigkeit (*dukkha*) und Substanzlosigkeit (*anattā*). Wenn Vertrauen zur Kraft wird, dann manifestiert es sich als die vier göttlichen Verweilungsstätten (*brahmavihāra*): liebende Güte (*mettā*), Mitgefühl (*karuṇā*), Mitfreude (*muditā*), Gleichmut (*upekkhā*). Achtsamkeit ist zur Kraft geworden, wenn alle vier Grundlagen (d.h. Achtsamkeit auf den Körper, die Gefühle, Gemütsstimmung und den Inhalt der Gedanken) gewohnheitsmäßig beachtet werden. Die Meisterung all dieser Aspekte stellt ein Ideal dar, aber sie zu praktizieren ist eine Notwendigkeit. Da jeder von uns diese Fähigkeiten in sich trägt, spricht alles dafür, sie zu entwickeln. Auf diese Weise werden wir ein harmonischer und ausgeglichener Mensch, der weniger Schwierigkeiten hat und anderen hilfreich zur Seite stehen kann. Die Entfaltung dieser fünf Fähigkeiten sollte eine wichtige Zielsetzung in unserem Leben sein. Ihre Harmonisierung hängt von der Zusammenarbeit von Herz und Geist ab.

VIII

Schritte auf dem Pfad

Es gibt drei Wege, um sich dem *Dhamma* zu nähern. Einer ist das Erwerben von Wissen durch das Studium der Lehrreden des Buddha und sich bemühen, sie so genau wie möglich im Gedächtnis zu behalten. Das ist sehr nützlich für die Verbreitung der Lehre durch Vorträge und Bücher.

Ein anderer Weg eröffnet sich durch Hingabe, Ehrerbietung, Darbringung von Blumen und Räucherstäbchen, Rezitation frommer Verse, das Verteilen von Geschenken und durch verdienstvolle Werke. Freigebigkeit und gute Taten waren vom Buddha besonders empfohlen worden, aber er legte keinen Wert darauf, daß sich Menschen nur einfach in der Gegenwart von Mönchen und Nonnen aufhalten sollten.

Es gab einmal einen Mönch, der vom Buddha so begeistert war, daß er immer in seiner Nähe sein wollte. Als der Mönch eines Tages krank wurde und es ihm nicht möglich war, den Buddha zu sehen, wurde er ganz verzweifelt. Die anderen Mönche fragten ihn, warum er so unglücklich sei. Er antwortete, daß er betrübt sei, weil er wegen seiner Erkrankung den Buddha nicht sehen könne. Die anderen Mönche teilten dies dem Buddha mit, der dann den kranken

Mönch besuchte und zu ihm sagte: „Was siehst du in dieser sterblichen Hülle? Da gibt es doch nichts zu sehen. Wer mich sieht, sieht das *Dhamma*, und wer das *Dhamma* sieht, sieht mich."

Der dritte Zugang zum *Dhamma*, nämlich der Übungsweg, ist vom Buddha immer am meisten empfohlen worden. Er hat gesagt, daß ein Mensch mit wahrer Ehrerbietung und Hingabe der Lehre gemäß lebt. Wir müssen etliche Schritte unternehmen, wenn wir durch Praxis dem *Dhamma* nahekommen wollen. Die Grundlagen sind moralisches Verhalten, verdienstvolle Taten, gutes *Karma*. Ohne solch ein Fundament haben wir nicht genug innere Sicherheit, um uns ruhig und wohl zu fühlen, was Voraussetzung für die Meditation ist.

Dies ist mitunter mißverstanden worden, indem wir glaubten, daß wir nicht meditieren sollten, bevor wir nicht die Tugendregeln in vollkommener Reinheit befolgen und perfekte Achtsamkeit erlangt hätten. Aber das macht keinen Sinn, denn die Meditation hilft uns, achtsamer zu werden und Einsicht in die Wirksamkeit der Tugendregeln zu bekommen.

Der nächste Übungsaspekt besteht in dem Beschützen unserer Sinne. Dies wurde oft vom Buddha erwähnt, so daß die Wiederholung und Erinnerung daran wichtig ist. Ohne das Beschützen unserer Sinne können wir immer in die Versuchung kommen, etwas zu wollen und zu begehren, was Unruhe im Geist auslöst. Die Reaktion auf unsere Sinneskontakte sind die Auslöser für Begierde und Haß. Unsere Sinne sind ständig engagiert, so daß wir ihren Einfluß gar nicht mehr registrieren, alles für selbstverständlich halten und meinen, daß es so sein muß. Wir glauben, daß das, was wir sehen, hören, schmecken, berühren, riechen und denken, genau so ist, wie wir es interpretieren. Das ist ein grundlegender Irrtum. Jeder erlebt seine Sinneskontakte auf eine individuelle Weise.

Hier ist ein Beispiel: Die westlichen Speisen werden in Asien als Babynahrung angesehen; Speisen, die auf asiatische Art gewürzt werden, erscheinen wie Höllenfeuer für einen westlichen Gaumen. Selbst bei einem Grundbedürfnis wie dem Essen zeigt sich eine völlig gegensätzliche Erfahrung. Wir können daraus schließen, daß wir alle in unserer eigenen Welt leben. Die Menschen streiten voller Eifer miteinander, weil sie glauben, ihre Welt sei die richtige, und töten sogar aufgrund von ungelösten Meinungsverschiedenheiten.

Dem Buddha wurden oft solche Fragen gestellt wie: „Ist diese Welt begrenzt oder grenzenlos, ist sie ewig oder nicht?" Seine Antwort darauf lautete: „Was ist die Welt? Die Welt sind unsere Sinneskontakte." Wenn dem Buddha solche Fragen gestellt wurden, dann verwies der Buddha den Fragenden immer auf die Praxis. Wenn wir wissen, daß die Welt, in der wir leben, aus unseren Sinneskontakten besteht, dann haben wir ein Übungsfeld. Wenn wir wissen, ob die Welt ewig ist oder nicht, was gibt es da zu üben?

Unsere Sinne schließen das Denken mit ein, das fast ständig in Funktion ist. In diesem Moment haben wir Berührungs-, Hör-, Seh- und Denkkontakt. Vier von unseren sechs Sinnen sind engagiert. Da unsere

Sinne lebenslänglich aktiv waren, glauben wir, daß dies der einzige Weg sei, das Leben zu erfahren, und haben das starke Verlangen, in dieser Weise fortzufahren. In diesem Verlangen liegt eine Gefahr, der sich die meisten Menschen gar nicht bewußt sind. Im Unterbewußtsein wissen wir alle davon, denn dort entspringen unsere Ängste. Wenn wir uns nur einen Moment beobachten, dann merken wir schon, daß wir eine Menge Ängste in uns beherbergen, die alle unterschiedliche Namen tragen. Einige Menschen haben Angst vor Spinnen oder Schlangen, einige fürchten sich im Dunkeln, andere fürchten sich vor Flugzeugen, wieder andere befürchten, daß ihre Lieben sterben oder daß sie ihr ganzes Geld verlieren. Viele unterschiedliche Namen für ein und dieselbe Furcht: die Furcht, daß wir unsere Identifikationen verlieren, die Furcht vor unangenehmen, schmerzlichen Sinneskontakten, letzten Endes die Furcht vor der Vernichtung. Jedoch der Verlust dieser Existenz ist die zwangsläufige Folge des Lebens. Es ist nur eine Frage der Zeit.

Diese Ängste werden durch unser Anhaften an angenehme Sinneskontakte verursacht. Wir identifizieren uns mit ihnen und glauben, daß es abgesehen von unseren Sinnen keine andere Realität gibt. Natürlich wünschen wir daher, daß diese Sinneswelt weiterbestehen bleibt. Wir nehmen unsere unangenehmen Erfahrungen in Kauf, erwarten, daß sie aufhören und angenehme wieder kommen werden. Wenn unsere unangenehmen Sinneskontakte überwiegen, dann sprechen wir davon, daß wir viel *Dukkha* haben.

Oder wir sagen: „Ich habe ein Problem.“ Es handelt sich allerdings darum, daß wir alle dasselbe Problem haben, nämlich daß wir nicht erleuchtet sind. Wenn wir zu der Erkenntnis kommen, daß unsere Sinneskontakte sehr flüchtig sind, und daß außerdem die ihnen innewohnende Befriedigung nur Ansichtssache ist, dann wird es leichter sein, sie während der Meditation loszulassen.

Meditation kann nur gelingen, wenn die Sinneskontakte, besonders das Denken, zeitweilig aufgehört haben. Wenn zum Beispiel der Berührungskontakt bei der Sitzstellung als unangenehm registriert wird, dann beginnt der Geist sich damit zu beschäftigen. Unsere Erinnerung daran, was jemand gestern, vergangene Woche oder gar vor zehn Jahren gesagt hat, kann den Geist aufwühlen. Das alles geschieht, weil wir an unseren Sinnen anhaften und uns mit ihnen identifizieren.

Durch jegliche Sinneskontakte entstehen Gefühle; das ist nicht zu ändern, aber wir können aufhören, auf diese Gefühle zu reagieren und zu glauben, daß sie uns gehören. Um unseren Geist zur Ruhe zu bringen, müssen wir davon Abstand nehmen, auf die Gefühle zu reagieren, die durch die Sinneskontakte ausgelöst werden. Je mehr wir dies im täglichen Leben üben, desto leichter können wir uns in der Meditation konzentrieren. Wir müssen mit dieser instinktiven, menschlichen Reaktion nicht unbedingt fortfahren. Die meditativen Vertiefungen beruhen nicht auf Sinneswahrnehmungen und erfordern daher eine Läuterung in uns. Bei jeder Beschreibung des Weges zu

Nibbāna bezog der Buddha die meditativen Vertiefungen mit ein, da sie uns neue Bewußtseinsebenen erleben lassen, die zur Verinnerlichung des *Dhamma* führen.

Das Beschützen unserer Sinne ist nicht nur für die Meditation wichtig, sondern gilt auch für das tägliche Leben. In einem Meditationskurs, wo nicht so viele Einflüsse wie in alltäglichen Situationen auf uns einströmen, ist es etwas leichter, unseren Geist vor Zuneigung oder Abneigung, infolge unserer Sinneskontakte, zu bewahren. Um dies zu erlernen, üben wir beim Hören nur das Geräusch zu beachten, ohne zu erklären, was wir hören. Wenn der Geist beginnt, uns die Erklärung über das Geräusch zu erzählen, wissen wir zumindest, was da geschieht. Wir geben nämlich dem Geräusch eine Realität, die ihm Wichtigkeit verleiht.

Das gleiche gilt für den Sehkontakt. Wenn wir zum Beispiel auf einen Busch blicken, wird der Geist etwa sagen: „Oh, ein Zimtbusch; wer mag ihn gepflanzt haben? Ob wir den Zimt auch verwenden können?" Oder jede Menge anderer Ideen. Statt dessen können wir das anschauen, was wir »Busch« nennen, und uns bewußt werden, daß unsere Augen eine Form erfassen und damit den Geist vom Geschichtenerzählen abhalten. Wenn es uns gelingt, das ein- oder zweimal außerhalb der Meditation durchzuführen, dann können wir die gleiche Methode bei Sinneseindrücken während der Meditation anwenden. Wenn wir uns vor den vom Geist gestalteten Einzelheiten der Sinneskontakte schützen, dann laufen wir weniger Gefahr, in Gier und Haß zu verfallen. Wir werden dies sehr hilfreich finden, um in der Meditation konzentriert zu werden.

Unser Leben wird durch unsere Sinne bestimmt, aber wir müssen das nicht weiterhin so erleben. Es ist nicht zwangsläufig so. In der Funktion unserer sechs Sinne liegt kein fortwährendes und unverfälschtes Glück. Wenn es darin zu finden wäre, dann wären wir bereits glückselig und zufrieden, denn wir haben ja tagtäglich und Leben nach Leben Sinneseindrücke gehabt und verarbeitet. Die Lösung liegt nicht darin, unsere Sinneskontakte zu verbessern, obwohl dies die meisten Menschen versuchen, sondern stattdessen unsere Reaktionen zu verbessern, so daß sich möglicherweise Gleichmut in unserem Leben einstellt. Dies ist das Versprechen, das uns der Buddha gegeben hat, daß wir aus allem *Dukkha* herauskommen können, aus allen Problemen, aber nicht dadurch, daß wir nur wunderbare Sinneskontakte erleben und keinen Augenblick Unannehmlichkeiten haben. So etwas ist nie möglich gewesen, nicht einmal in der Gegenwart des Buddha.

Aber wir können lernen, mit unseren Reaktionen aufzuhören, und während wir das lernen, können wir Augenblicke erleben, in denen uns dies tatsächlich möglich ist. Ein solcher Augenblick kann uns den ersten Eindruck davon vermitteln, was es bedeutet, frei zu sein. Dies ist die einzige Freiheit, die es in einem menschlichen Leben zu erfahren gibt. Es gibt keine andere. Jeder, der die Anweisungen des Buddha versteht, besonders, wer auch meditiert, kann auf diese Weise praktizieren.

Der nächste Schritt, den wir benötigen, ist Achtsamkeit, begleitet von Wissensklarheit (*sampajañña*). Achtsamkeit ist der Geistesfaktor, durch den wir einfach erfahren, Wissensklarheit bringt das Verstehen. Wir brauchen beides und können und sollen sie auch im Alltag üben. Achtsamkeit auf den Körper wurde vom Buddha als zum »Todlosen« hinführend gepriesen, ein Synonym für *Nibbāna*. Wenn wir auf die Bewegungen unseres Körpers achten und feststellen, daß der Körper nur den Anweisungen des Geistes folgt, dann ist dies der erste Schritt zur Einsicht. Gewöhnlich nehmen wir Geist und Körper als selbstverständlich hin. Die meisten Menschen sind mehr an ihrem Körper als an ihrem Geist interessiert und sind sehr um ihren Körper besorgt. Nur sehr wenige Menschen kümmern sich wahrhaftig um ihren Geist.

Wenn wir uns der Bewegungen unseres Körpers bewußt sind, dann sind wir präsent, ohne zu denken, und erleben einfach nur. Wissensklarheit ist unsere viergliedrige Art der Untersuchung, die bereits beschrieben wurde.

Wir könnten meinen, daß solch eine Untersuchung uns übermäßig langsam werden läßt, so daß wir dann unsere Arbeit nicht mehr schaffen können. Tatsächlich hat sie aber die entgegengesetzte Wirkung, weil wir nichts Überflüssiges mehr tun. Wenn wir Achtsamkeit und Wissensklarheit immer wieder anwenden, dann werden sie zur Gewohnheit, was unsere Fähigkeit, Ruhe und Einsicht in der Meditation zu gewinnen, bedeutend stärkt. Es ist ein Unterschied, ob wir erleben, wie unser Geist unseren Körper umherdirigiert, oder ob wir nur darüber wissen. Wir werden eng vertraut mit unseren beiden Aspekten von Geist und Körper und können anfangen zu erforschen, wo sich unser »Ich« darin befindet. Wir werden eines Tages feststellen, daß unser »Ich« in dem Wunsch liegt, ewig und unvernichtbar zu sein.

Der nächste Schritt ist das meditative Erforschen. Wir können untersuchen: „Wer bin ich, der hier sitzt und niedergeschlagen oder freudig erregt, beunruhigt oder ängstlich wird?" Wir haben bereits durch die Beobachtung unserer körperlichen Handlungen verstanden, daß der Körper nicht »Ich« sein kann, weil er vollkommen vom Geist umherkommandiert wird. Ist es dann das »Ich«, das diese Befehle gibt?

Die meisten Menschen möchten in der Meditation Ruhe, Glückseligkeit und Gelassenheit erleben. Aber diejenigen, deren Geist sehr aktiv ist, müssen zunächst Einsicht gewinnen, um ruhig werden zu können. Denjenigen, deren Geist von vornherein friedvoller ist, fällt es leichter, erst ruhig zu werden und im Anschluß Einsicht zu erlangen. Ein bißchen Ruhe bringt ein bißchen Einsicht und umgekehrt. Wir arbeiten an beiden Aspekten, um uns die beste Möglichkeit zu verschaffen, beides gleichzeitig zu entwickeln.

Wenn wir den Atem beobachten, wie er durch die Nase ein- und ausströmt, so versuchen wir dadurch, einen ruhigen und friedvollen Geist zu bekommen. Wenn der Geist abschweift und denkt, dann bemerken wir zunächst: „Ich denke", und dann erkennen wir die flüchtige Natur jedes Gedankens und wie sie so oft ohne jeden Sinn aufkreuzen. Dies ist eine wertvolle

Erkenntnis, weil wir daraus schließen können, daß wir unseren Gedanken häufig nicht glauben müssen, daß sie unwichtig sind, keine Solidität besitzen und uns keinen sicheren Halt bieten können.

Ohne solch eine Erfahrung könnten wir weiterhin all unseren Gedanken glauben und versuchen, sie als solide Grundlage für unser Leben zu gebrauchen. Aber wenn wir in der Meditation merken, daß wir uns nicht erinnern können, was wir von einer Sekunde zur nächsten gedacht haben, dann ist dieser Glaube erschüttert und wird nie wieder aufkommen. Wenn wir beginnen, an unseren Gedanken zu zweifeln, dann bedeutet das nicht, daß wir anfangen, an uns selbst zu zweifeln. Der Zweifel bezieht sich nur auf unsere Ansichten und Meinungen, was eine äußerst nützliche Praxis ist.

In der Lehrrede von der liebenden Güte (*Karaṇīya Mettā Sutta*) wird ein *Arahant* beschrieben als frei von allen Ansichten. Der Buddha sprach zu uns nur aus seinen eigenen Erfahrungen. Meinungen beruhen immer auf unserer falschen Vorstellung, daß es ein »Ich« gibt, und sind deshalb durch diesen zugrundeliegenden Irrtum verfärbt.

Wenn wir erkennen, wohin uns unser Geist führen kann, dann werden wir eines Tages damit aufhören, so viele Ansichten zu entwickeln und dadurch schon einigen geistigen Wirrwarr loslassen. Der Geist ist meist voll von Ideen, Hoffnungen, Plänen, Erinnerungen und Meinungen. »Richtig« und »falsch« sind oft durch Kultur und Tradition bedingt und haben keine letztendliche Gültigkeit. Sie füllen den Geist und lassen keinen Raum für einen völlig neuen Blick auf uns selbst und die Welt.

Ein bedeutender Schritt in dieser Entwicklung ist Selbstüberwindung, den der Buddha als den Weg zu *Nibbāna* bezeichnete. Solange wir auf unsere Gefühle reagieren, die durch Sinneskontakte hervorgerufen werden, müssen wir uns eingestehen, daß wir mehr »Reagierende« als »Agierende« sind, mehr Opfer als Täter. Wir haben von uns gerne ein besseres Bild, aber wenn wir uns der Wahrheit gemäß erkennen, dann verhält es sich genau so. Sobald wir dieses gewohnheitsmäßige Reagieren überwunden haben, haben wir einen großen Schritt zu unserer Selbstüberwindung getan.

Wir sollten uns nicht absichtlich in unangenehme Situationen begeben, denen wir noch nicht gewachsen sind. Denn der Geist würde wieder negativ reagieren, was uns auf dem Pfad nicht weiterhilft. Wir müssen nicht mit quälenden Schmerzen in der Meditation sitzen, aber wir müssen unseren Geist und seine Aktivitäten beobachten. Das hilft uns auch im täglichen Leben, wenn unangenehme Gefühle und Ablehnungen in uns aufsteigen, weil wir Worte gehört haben, die wir nicht mögen oder etwas gesehen haben, was uns nicht gefällt. Wenn wir lernen, Dinge so zu akzeptieren, wie sie sind, dann haben wir Selbstüberwindung geübt, die uns von Ansichten und Meinungen befreit.

Dukkha entspringt der Tatsache, daß wir das Naturgesetz nicht mögen, dem wir untertan sind. Uns gefällt es nicht, wenn einer unserer Lieben stirbt, wir mögen keine körperlichen Schmerzen oder einen Mangel an Anerkennung, wir wollen nicht das verlieren, was wir schätzen. Wenn wir alles so akzeptieren könnten, wie es ist, dann würden wir die Welt realistischer und leidenschaftsloser sehen, was der Weg in die Freiheit bedeutet. Unsere leidenschaftlichen Wünsche halten uns gefangen.

Wenn wir Gelegenheit haben, ruhig zu sitzen und uns selbst zu beobachten, dann können neue Einsichten über uns selbst aufsteigen. Wir sind der Prototyp der Unbeständigkeit. Aber wenn unser Geist um die Vergangenheit kreist und damit beginnt, alte Filme wieder aufzuwärmen, dann wird es Zeit, das Programm abzuschalten. Die Vergangenheit kann nicht geändert werden. Der Mensch, der die Vergangenheit erlebt hat, existiert nicht mehr, ist nur noch ein Phantasiegebilde.

Wenn der Geist in die Zukunft schweift und sich ausmalt, wie sie sein sollte, dann können wir davon loslassen, wenn wir uns erinnern, daß die Zukunft auch keine Realität hat. Wenn die Zukunft aktuell wird, kann es nur in der Gegenwart geschehen, und der Mensch, der die Zukunft geplant hat, ist nicht derselbe, der sie erleben wird. Wenn wir in der Meditation jeden Augenblick leben und erleben, dann können wir auch im Alltag diese Fähigkeit in der gleichen Weise anwenden.

Wenn wir immer wieder Achtsamkeit und Wissensklarheit anwenden, gelingt alles gut, nichts kommt ungelegen, unser Geist ist zufrieden und innerer Frieden kann unser Herz erfüllen. Solange wir unsere

Aufmerksamkeit auf jeden Schritt auf dem Weg gerichtet halten, können wir sicher sein, schließlich am Gipfel anzukommen.

IX

Die Machtfährten

Die vier Machtfährten sind, gemäß dem Buddha, unbedingt erforderliche Aspekte zur Verwirklichung der Befreiung. Er sagte: „Wer auch immer, ihr Mönche, die vier Machtfährten verpaßt hat, verpaßt hat er den rechten, zur Leidensversiegung führenden Pfad; wer aber, ihr Mönche, die vier Machtfährten erreicht hat, erreicht hat er den rechten, zur Leidensversiegung führenden Pfad." (*Saṁyutta-Nikāya*, LI. 2)

Diese vier Fährten sind zunächst weltlicher Art, so daß es Bemühungen sind, zu denen wir alle fähig sind. Erst wenn sie zu Mächten geworden sind, sind sie überweltlicher Art und stellen vier der 37 Erleuchtungsfaktoren dar.

Da sie so wichtig für die Praxis sind und nicht unbeachtet bleiben dürfen, sollten wir sie in allen Einzelheiten kennen. Wir müssen sie in analytischer Weise verstehen, so daß wir unsere eigenen Erfahrungen genau überprüfen können. Das ist das Kriterium, das Wissen in Weisheit verwandelt. Wir können die ganze Lehre des Buddha auswendig lernen, was nicht unmöglich ist, aber wir müssen diese Lehren dann auch im Licht unserer eigenen Bestrebungen betrachten. Wir können prüfen, ob unsere Bemühungen

Früchte getragen haben oder nicht. Wenn wir Fortschritte gemacht haben, dann können wir auf dieselbe Art weiter praktizieren, wenn nicht, sollten wir unsere Vorgehensweise ändern. Bei der Untersuchung, ob wir tatsächlich das tun, was der Buddha gelehrt hat und ob dies ein Teil unseres inneren Wesens geworden ist, gewinnen wir Einsicht in die Fähigkeiten unseres Geistes. Wenn wir erkennen, daß wir durch Übung die Fähigkeiten unseres Geistes erweitern konnten, werden wir nicht selbstzufrieden werden, sondern werden fraglos beschließen, den Geist weiter zu stärken.

Die vier Machtfährten beginnen mit *chanda-samādhi*. *Chanda* ist Absicht und kann heilsam, unheilsam oder neutral sein. Es bedeutet auch Verlangen oder Ziel. Um dies zu einer Machtfährte werden zu lassen, müssen wir die Absicht zur vollkommenen Einsicht in uns entwickeln. *Samādhi*, als Teil dieses Begriffes, heißt, daß wir uns voll auf diese Absicht konzentrieren und sie nicht vergessen. Dies macht den Unterschied aus zwischen einem Leben, das weltlich ausgerichtet ist, und einem Leben, das ganz dem spirituellen Bemühen gewidmet ist.

Im weltlichen Leben sind wir gezwungen, unsere Absichten in verschiedene Richtungen zu lenken. So ist das Leben in dieser Welt. Die Notwendigkeit, viele verschiedene Dinge zu haben und uns um sie zu kümmern, verschlingt eine Menge Zeit, selbst wenn wir dies auf ein Mindestmaß reduzieren. Es wird immer Menschen und materielle Dinge geben, die uns in Anspruch nehmen, und denen wir gerecht werden müssen. Unsere ehrgeizigen Bestrebungen und Wünsche werden in der Welt als nützlich und lobenswert angesehen. Um die »Konzentration der Absicht« zu entwickeln, die zur totalen Befreiung führt, sollten unsere äußeren Umstände keine Hindernisse aufkommen lassen.

Alle vier Fährten werden von Willenskraft begleitet. Die Konzentration der Absicht schließt auch Einspitzigkeit ein. Sie wird nur zu einer wirklichen Fährte, wenn wir unsere Absicht auf die stärkste Kraft richten, nämlich auf die Kraft, die entsteht, wenn wir unsere Begierden loslassen.

Die zweite Fährte ist die »Konzentration der Energie« (*viriya-samādhi*). Jeder hat ein gewisses Maß an körperlicher Energie, die sich manchmal nachteilig auf unser geistiges Bemühen auswirkt, wenn zuviel Rastlosigkeit damit verbunden ist. Wenn wir zuwenig körperliche Energie besitzen, dann ist das aber auch von großem Nachteil. Geistige Energie nimmt zu, wenn wir einspitzig sind, unsere Geistesstärke nur in einer Richtung einsetzen und nicht gleichzeitig mehrere Eisen im Feuer haben. Wir müssen uns darüber klar sein, was für uns in diesem Leben von größter Wichtigkeit ist. Um dies herauszufinden, befragen wir uns in der stillen Innenschau unserer Kontemplation. „Wonach sehne ich mich am meisten?" „Wofür möchte ich meine Energie einsetzen?" „Was ist mein Hauptanliegen?"

Die Antwort mag vielleicht nicht sein, daß wir zum Ende von *Dukkha*, zur endgültigen Befreiung, kommen wollen. Das ist auch in Ordnung. Aber wir können davon profitieren, wenn wir unsere Energie und unsere Absicht konzentrieren, unabhängig davon, worauf wir lossteuern, weil dies uns davor bewahrt, unsere Zeit mit nutzlosen Dingen zu verschwenden.

Die Willenskraft, die wir aufbringen können, hängt sehr stark von unserer Einsicht ab. Wenn wir die Dringlichkeit unseres spirituellen Wachstums erkannt haben, dann wird es uns leichter fallen, den Willen zum Üben zu haben. Wir sind alle instinktiven Handlungen und Reaktionen unterworfen, die auf Begehren und Anhaften beruhen. Willenskraft hilft uns, davon abzulassen und unsere Energie in andere Kanäle zu leiten.

Dringlichkeit (*saṁvega*) ist ein wesentlicher Teil der erfolgreichen Übung. Wenn unsere Einsichten uns zeigen, daß die ganze Welt mit Begierde brennt und wir selbst auch, dann kommt Dringlichkeit ganz natürlich auf und Willenskraft ist eine Begleiterscheinung davon. Willenskraft wächst im gleichen Verhältnis, wie die Dringlichkeit uns bewußter wird, die von unserer Einsicht in die Welt abhängig ist; die Welt endet nicht vor unserer Haustür, denn sie lebt in unserem Herzen und unserem Geist.

Die nächste Machtfährte ist die »Konzentration des Bewußtseins« (*citta-samādhi*) oder die Einspitzigkeit der Konzentration. Wenn Absicht und Energie in kraftvoller Weise zusammenkommen und mit Willenskraft verbunden werden, dann wird sich meditative Konzentration einstellen. Die ersten beiden Fährten sind Grundlagen für die dritte, die zu den meditativen Vertiefungen führt. Tiefe Ruhe in der Meditation ist der zugrundeliegende Faktor für tiefgehende

Einsichten, die unsere Weltsicht verändern, was das Ziel unseres Übungsweges ist.

Die meisten Menschen sind sich dessen heutzutage überhaupt nicht bewußt, sind aber an Meditation interessiert, um ihren Streß loszuwerden. Auch das ist in Ordnung. Warum nicht? Der Zweck und die Lehre des Buddha waren eine Erleichterung und Befreiung vom *Dukkha* ein für allemal, so daß es nie wieder entstehen kann. Wenn wir *Dukkha* als Streß übersetzen, was nicht falsch ist, dann können wir sagen: „Ja, es ist Befreiung von Streß". Aber die Art von Befreiung, die der Buddha im Sinn hatte, basiert auf der tiefen Einsicht des Erkennens und Erlebens, daß in Wirklichkeit nicht *Dukkha* verschwindet, sondern daß das »Ich«, das es erlebt, sich auflöst.

Einspitzige Absicht und einspitziges Bemühen führen zu einspitzigem Bewußtsein. Der Geist befindet sich in einem Zustand von Bewußtheit, wo es keine Hemmungen und Hindernisse gibt, die sonst durch das Denken entstehen. Einsicht erwächst nicht aus den Gedanken, sondern ist ein inneres intuitives Wissen, ganz unterschiedlich vom diskursiven und logischen Denken, vielmehr Folge eines klaren und ruhigen Geistes. Dieser führt das Bewußtsein in die Tiefe der Wahrheit, die immer da war, aber zuvor nicht an die Oberfläche kam, so daß der Geist sie früher nicht erfassen konnte.

Was der Buddha unter dem Bodhibaum erlebte und in den vier Edlen Wahrheiten und dem Edlen achtfachen Pfad darzulegen vermochte, war nicht ein Ergebnis von diskursivem oder logischem Denken oder von gelehrtem Wissen. Es war ein tief innerliches Erleben, das in einem vollkommen ruhigen Geist, der frei von jeglichen Hindernissen war, erwachsen konnte.

Glücklicherweise kann der Geist nur eine Sache zur Zeit machen. Wenn wir ruhig und konzentriert sind, dann sind zeitweilig alle unsere Hindernisse verschwunden. Das ist der Segen der Meditation. Wenn im Geist keine Hindernisse vorhanden sind, dann hat er die Möglichkeit, eine völlig andere Tiefe kennenzulernen, als unter normalen Umständen möglich ist, wo wir immer Gefahr laufen, daß Gier, Haß oder Verblendung im Geist auftauchen. Wenn wir die Machtfährten erwecken, eröffnen wir eine andere Dimension im Geist. Das ist unbedingt erforderlich, denn ansonsten könnten wir zwar an den Buddha und seine Lehre glauben, aber wären nicht in der Lage, sie selbst nachzuvollziehen. Wir alle können in Herz und Geist das *Dhamma* leben.

Die vierte Fährte ist die »Konzentration des Erwägens« (*vīmaṁsā-samādhi*). Im Anschluß an das Erleben von Ruhe und Frieden mit der damit verbundenen Erweiterung des Bewußtseins kommt das Ergründen, um Einsicht zu erlangen. Die meditative Ruhe wird zur Voraussetzung für Einsicht durch konzentriertes Erwägen, wenn wir z.B. die Unbeständigkeit selbst dieser besten meditativen Zustände erleben. Keine der Fährten bezieht sich ausschließlich auf die Meditation. Sie kommen uns im Zusammenhang mit Meditation sehr zugute, sind aber auch in allen anderen Situationen des Lebens nützlich und praktikabel.

Wir brauchen gewiß auch im täglichen Leben eine konzentrierte Absicht. Wir können uns nicht einen Tag vornehmen, freundlich zu sein, am nächsten egoistisch, dann wieder freundlich und gleichzeitig erwarten, friedlich und glücklich zu werden. Wir müssen auch wissen, was unsere Ziele im weltlichen Leben sind. Wenn wir ein Universitätsstudium absolvieren wollen, dann müssen wir uns auf diese Absicht konzentrieren. Wir können nicht einen Tag zur Universität gehen, am nächsten Tag zu Hause bleiben und dann erwarten, daß wir die Prüfungen bestehen.

Die Konzentration der Energie ist auch eine Grundvoraussetzung für das tägliche Leben. Wenn wir unsere Energie dort einsetzen, wo sie die besten Früchte trägt, dann werden unsere weltlichen Bemühungen Erfolg haben und uns leicht fallen. Wenn wir rechte Absicht, Energie, Willenskraft und Konzentration entwickeln und pflegen, dann können wir unser Potential um das Vielfache vergrößern.

Ungeachtet der Ergebnisse, die wir in uns selbst beobachten, sollten wir niemals erwarten, daß wir entweder ganz perfekt oder völlig unvollkommen sind. Wir müssen uns als Praktizierende betrachten, als Lernende. Zu den Zeiten des Buddha wurden sie *Sāvaka* genannt, was »Hörer« bedeutet. Wenn wir uns auf diese Weise sehen, dann brauchen wir nicht nach Perfektion oder Mangelhaftigkeit zu suchen, sondern können lieber versuchen, uns dem Aufgeben aller Vorstellungen von »Ich« und »mein« zu nähern.

Konzentriertes Erforschen der Erscheinungen ist ein Aspekt unserer ständigen Achtsamkeit, die uns ermöglicht, *Anicca* (Vergänglichkeit), *Dukkha* (Unzulänglichkeit) und *Anattā* (Substanzlosigkeit) überall zu erkennen, wohin wir auch blicken. Jedes Ding, das existiert, kündet von diesen drei Merkmalen, so daß wir niemals ohne *Dhamma*-Bewußtsein zu sein brauchen. Im allgemeinen wird einer der drei Aspekte uns mehr anziehen und größere Bedeutung für uns haben. Unser Geist wendet sich dann in diese Richtung, um die zugrundeliegende Wahrheit, die hinter der alltäglichen Wirklichkeit liegt, zu erforschen.

Wir haben immer ein Objekt für diese Untersuchung, denn unsere Gedanken und Gefühle sind von diesen drei Merkmalen durchdrungen. Wenn ein angenehmes Gefühl aufsteigt, können wir es behalten? Fühlen wir uns unglücklich, wenn es verschwunden ist? Können wir diesen ganzen Menschen, mit dem wir uns identifizieren, als im Fließen und Wandel erkennen, ohne einen festen Kern? Wenn wir uns immer wieder beobachten, dann können wir uns letztendlich darüber klarwerden, daß in uns keine unveränderliche Substanz zu finden ist.

Die Tiefe der Einsicht kommt durch die Meditation. Trotzdem müssen wir unsere Übung durch nachforschende Gedanken und eine entsprechende Haltung im täglichen Leben unterstützen. Wenn unser Geist während des Tages mit weltlichen Angelegenheiten oder Sinnesvergnügungen beschäftigt ist, dann wäre es zu viel verlangt, daß er am Abend ruhig und einsichtig wird. Dies ist eine unrealistische Erwartung, die kein Geist erfüllen kann. Wir müssen unseren Geist vorbereiten, damit er daran gewöhnt wird, in Begriffen des *Dhamma*-Bewußtseins zu denken, wobei die Achtsamkeit als tägliche Gewohnheit bereits etabliert sein sollte. Dann können wir ungehindert zur Meditation übergehen, ohne erst alle geistigen Belastungen loswerden zu müssen. Wir blicken bereits in die richtige Richtung und können leicht Ruhe und Frieden erlangen, die Quellen für unsere geistige Energie.

Wenn wir jung sind, dann ist es leicht zu glauben, unser Körper sei unsere Energiequelle. Aber der Körper kann jeder Zeit krank oder verletzt werden oder sogar sterben. Unsere wahre Energiequelle besteht jedoch in Wirklichkeit darin, daß sich der Geist in tiefer meditativer Ruhe selbst erneuern und Kraft schöpfen kann. Dabei spielt es keine Rolle, ob der Körper alt und schwach oder jung und gesund ist, da der Geist die Oberhand hat und der Körper nur der Bedienstete ist.

Wir brauchen die meditative Ruhe für unsere Energiezufuhr; sie ist sogar wichtiger als die Ernährung. Obwohl wir irgendwann wieder Nahrung zu uns nehmen müssen, können wir eine ziemlich lange Zeit ohne sie auskommen, viel länger als wir gewöhnlich meinen, und haben trotzdem noch genügend Energie, um zu meditieren.

Wir haben diese natürlichen Ressourcen in uns, aber sehr wenige Menschen machen davon Gebrauch. Um sie zu nutzen, müssen wir den Geist im Alltag beschützen, so daß er bereits in der richtigen Geisteshaltung ist, wenn die Meditation beginnt. Die Einsicht in die Sinnlosigkeit unserer ehrgeizigen Pläne und Wünsche hilft uns, das diskursive und ablenkende Denken zu vermindern.

Die vier Machtfährten sind weltlich, solange wir üben, und sie werden überweltlich, wenn wir sie vervollkommnet haben. Sie bringen die endgültige Befreiung von *Dukkha*, wenn das Höchstmaß an Absicht, Energie, Willenskraft, Ruhe und Einsicht erreicht worden ist.

X

Mache das Beste aus jedem Tag

Nun ist die Zeit gekommen, um von diesem Meditationskurs nach Hause zurückzukehren. Um soviel wie möglich von diesem Kurs zu profitieren, müssen wir uns darüber klarwerden, wie wir unser tägliches Leben gestalten wollen. Wenn wir zurückkehren und ganz genauso weitermachen wie vorher, dann wird wohl innerhalb kürzester Zeit alles vergessen sein. Wenn wir dann in der Zukunft wieder zu einem Meditationskurs kommen, müssen wir erneut von vorn beginnen.

Wer weiß, ob uns in diesem Leben noch so viel Zeit bleibt. Dies ist das einzige Leben, für das wir Verantwortung übernehmen können. Hier haben wir es einigermaßen in der Hand, wie wir unseren Tag verbringen. Die Zukunft existiert noch nicht. Wenn ich denke: „Ich werde morgen meditieren", so ist das töricht. Es gibt kein morgen, es gibt nur diesen Augenblick. Wenn das nächste Leben kommt, dann heißt es wieder dieses Leben; tatsächlich ist dies unser nächstes Leben. Es ist immer möglich, eine Menge von Gründen zu finden, warum wir heute nicht üben können: die Kinder, das Wetter, der Ehemann, die Ehefrau, das Geschäft, die Wirtschaftslage, das Essen, was immer uns in den Sinn kommt. Welche Prioritäten wir wählen, liegt allein an uns.

Wenn die Zukunft nicht existiert und die Vergangenheit längst vorbei ist, was bleibt uns dann übrig? Tatsächlich nur dieser sehr flüchtige Moment. Er vergeht schneller als wir es aussprechen können. Aber wenn wir jeden Augenblick sinnvoll nutzen, dann können wir letztendlich ständig bewußt dasein, was zu tiefer Einsicht führt.

Jeden Morgen sollte unser erster Entschluß darin liegen, achtsam zu sein. Wenn wir merken, daß wir die Augen öffnen, beginnt der Tag und beginnt die Achtsamkeit. Wenn wir unsere Augen schon geöffnet haben, bevor wir uns dessen bewußt waren, dann können wir sie wieder schließen und von neuem beginnen. Durch so eine kleine Begebenheit bekommen wir wirkliches Verständnis für Achtsamkeit, für echtes Aufmerken. Nachdem uns Achtsamkeit und ihre Bedeutung bewußt geworden sind, können wir den Geist mit Dankbarkeit durchfluten, daß ein neuer Tag für uns offensteht, um einen einzigen Zweck zu erfüllen. Nicht um eine bessere Mahlzeit zu kochen, nicht um neue Dinge einzukaufen, sondern um *Nibbāna* näherzukommen. Wir brauchen genügend Weisheit, um zu wissen, wie das zu erreichen ist. Der Buddha hat es uns immer wieder erklärt, aber wir sind etwas schwerhörig und nicht offen genug für alle Anweisungen. Daher müssen wir sie viele Male hören.

Dankbarkeit versetzt den Geist in einen Zustand der Empfänglichkeit und der freudigen Erwartung. „Was werde ich mit diesem Tag anfangen?“ Als erstes sollten wir uns zum Meditieren hinsetzen, dafür müßten wir vielleicht etwas früher aufstehen. Die meisten Menschen sterben im Bett, es ist ein wunderbarer Ort zum Sterben, aber nicht ein so geeigneter Platz, um unnötig viel Zeit dort zu verbringen. Wenn wir die erste Jugendblüte hinter uns haben, dann brauchen wir auch nicht mehr so viel Schlaf.

In den meisten Wohnungen beginnt um sechs Uhr das Leben und damit der Lärm. Wenn dem so ist, dann müssen wir früh genug aufstehen, um diese Geräuschkulisse zu umgehen. Das allein gibt schon ein Gefühl der Zufriedenheit, weil wir etwas zusätzliches tun, um *Nibbāna* näherzukommen. Es ist gut, wenn wir eine ganze Stunde zum Meditieren erübrigen können. Auf keinen Fall sollten wir weniger als eine halbe Stunde meditieren, weil der Geist Zeit braucht, um ruhig und gesammelt zu werden. Die Morgenstunde ist für viele Menschen oft die beste Zeit, weil der Geist während der Nacht nicht mit soviel bewußten Eindrücken wie am Tag bombardiert wird und deshalb verhältnismäßig ruhig ist. Wenn wir damit beginnen, eine halbe Stunde lang zu meditieren und diese Zeit langsam bis zu einer Stunde steigern, dann ist das ein gutes Programm. Jede Woche können wir die tägliche Meditationszeit um zehn Minuten verlängern, bis wir es auf eine Stunde gebracht haben.

Nach der Meditation ist eine gute Zeit für die fünf täglichen Betrachtungen. Der Geist ist ruhig und gesammelt und kann eher innere Tiefe erlangen.

Die fünf täglichen Betrachtungen lauten:

1. Ich bin dem Verfall unterworfen. Ich kann dem Verfall nicht entgehen.
2. Ich bin der Krankheit unterworfen. Ich kann der Krankheit nicht entgehen.
3. Ich bin dem Tod unterworfen. Ich kann dem Tod nicht entgehen.
4. Alles, was mein und mir lieb ist, muß sich ändern und entschwinden.

5.1 Ich bin der Eigentümer meines *Karma*.

5.2 Ich bin der Erbe meines *Karma*.

5.3 Ich bin mit meinem *Karma* eng verknüpft.

5.4 Ob ich gutes oder schlechtes *Karma* mache, dessen Erbe werde ich sein.

Die Exaktheit der Worte spielt keine große Rolle. Worte sind Konzepte, nur ihre Bedeutung ist wichtig; die Vergänglichkeit unserer Körper sowie von allem, was wir glauben zu besitzen, seien es Menschen oder Sachen, und die Verantwortlichkeit für unser eigenes *Karma* werden hier angesprochen.

Eine andere Kontemplation ist darauf abgezielt, eine liebevolle und freundliche Haltung zu uns selbst und gegenüber anderen zu entwickeln und das eigene Glück beschützen zu können, was wir auch allen anderen Wesen wünschen.

Die Liebende-Güte-Kontemplation lautet:

1. Möge ich frei sein von Feindseligkeit.
2. Möge ich kein Lebewesen verletzen.
3. Möge ich frei sein von körperlichen und geistigen Schwierigkeiten.
4. Möge ich in der Lage sein, mein eigenes Glück zu beschützen.

5.1 Mögen alle Wesen frei sein von Feindseligkeit.

5.2 Mögen alle Wesen einander nicht verletzen.

5.3 Mögen alle Wesen frei sein von körperlichen und geistigen Schwierigkeiten.

5.4 Mögen alle Wesen in der Lage sein, ihr eigenes Glück zu beschützen.

Wenn wir die Meditation und die Kontemplation in sinnvoller Weise behandelt haben, dann dürfen wir drei weitere Dinge nicht vergessen. Zuerst kommt die Achtsamkeit, reines Gewahrsein der vorherrschenden Seinsebene. Das kann eine körperliche Bewegung sein, ohne den Geist abschweifen zu lassen, oder es kann ein Gefühl oder ein aufgestiegener Gedanke sein. Es bedeutet wirklich aufpassen und nicht versuchen, alles unter diskursivem Schutt zu begraben, sondern genau wissen, was in unserem Leben vor sich geht.

Wenn die körperliche Aktivität unsere Aufmerksamkeit nicht in Anspruch nimmt, dann können wir wieder unsere Gedanken auf die Vergänglichkeit unseres eigenen Lebens und aller anderen Leben richten und darüber reflektieren, was wir in der kurzen Zeit, die zur Verfügung steht, tun wollen. Wenn wir uns das richtig überlegen, dann werden sicherlich Freundlichkeit, Liebe und Hilfsbereitschaft zu Prioritäten. Wir müssen nicht gleich vielen Menschen auf einmal helfen. Wenn wir nur einem Menschen, der vielleicht im selben Haus wohnt, helfen, ist das von großem Nutzen. Die Einstellung und die Motivation zählen, nicht die Resultate.

Viele Menschen möchten etwas Gutes tun, erwarten aber Dank dafür. Das ist spiritueller Materialismus, da sie auf eine Art Rückzahlung für ihre Güte ausgerichtet sind oder zumindest in der Zukunft dafür ein sehr schönes Leben haben möchten. Das wäre auch gleichbedeutend einer Bezahlung, nicht in der Landeswährung, sondern in Form von guten Auswirkungen. Beide Einstellungen sollten wir fallenlassen und stattdessen denken: „Dies ist der einzige Tag, den ich habe, ich möchte ihn auf beste Art und Weise nutzen.“ „Was ist am wichtigsten, wenn ich nur so kurze Zeit in diesem Leben zur Verfügung habe?“ Dann können wir aus der Erkenntnis heraus handeln, daß wir, um *Nibbāna* näherzukommen, Eigeninteresse, Egozentrik, Selbstbestätigung, persönliche Neigungen und Abneigungen immer wieder erkennen und loslassen müssen, ansonsten wird das »Ich« anwachsen und nicht verkleinert. Wenn wir es unser Leben hindurch immer mehr bestätigen und bestärken, dann wird es immer dicker und fetter, statt daß es abnimmt. Je mehr wir über unsere eigene Wichtigkeit nachdenken, unsere Sorgen und Belange, desto mehr entfernen wir uns von *Nibbāna* und desto geringer sind die Chancen für Frieden und Glück in unserem Leben.

Wenn wir einen sehr dicken Körper haben und versuchen, durch ein enges Tor zu gehen, dann werden wir mit dem Körper an beiden Seiten des Tores anstoßen und uns verletzen. Wenn wir ein extrem dickes Ego haben, dann werden wir ständig bei anderen Menschen anstoßen und uns verletzt fühlen; die Egos anderer stellen die Türpfosten dar, die wir rammen. Wenn wir wiederholt diese Erfahrung machen, dann werden wir wohl daraus schließen, daß dies nicht die anderen Menschen, sondern nur uns selbst betrifft.

Wenn wir jeden Tag mit diesen Überlegungen und Kontemplationen beginnen, dann werden wir nicht mehr dazu neigen, uns übermäßig mit uns selbst zu beschäftigen, sondern wir werden uns bemühen, an andere zu denken. Natürlich besteht immer die Möglichkeit von Malheuren. Sie geschehen aus Unachtsamkeit, wir passen nicht auf das auf, was wir gerade tun, oder durch impulsive, instinktive Reaktionen oder auch durch Selbstmitleid. Diese Vorfälle müssen als das angesehen werden, was sie sind, nämlich als Mißgeschicke aus Mangel an Bewußtheit. Es gibt keine Schuld, die wir anderen Menschen oder uns selbst zuschreiben sollten. Wir können nur erkennen, daß wir in diesem Augenblick nicht achtsam waren und nun versuchen, es im nächsten Moment besser zu machen. Nur der *Arahant*, der vollkommen erleuchtet ist, verstrickt sich nicht in Versehen dieser Art.

Der Buddha lehrte, unsere unheilsamen Emotionen weder auszudrücken noch zu unterdrücken. Statt dessen lehrte er, daß die einzig lohnenden Emotionen die vier »göttlichen Verweilungsstätten« (*brahmavihāra*) sind, und daß alle anderen Emotionen wahrgenommen werden müssen und wir sie dann wieder abklingen lassen sollten. Wenn Ärger aufkommt, dann hilft es nichts, ihn zu unterdrücken oder ihn zum Ausdruck zu bringen. Wir müssen aber wissen, daß Ärger vorhanden ist, sonst können wir niemals unsere Reaktionen ändern. Wir können beobachten, wie der Ärger entsteht und vergeht. Für die meisten Menschen ist das jedoch zu schwierig, denn der Ärger verschwindet nicht schnell genug. Wir sollten uns jedoch sofort vergegenwärtigen, daß, wenn wir dem Ärger Raum geben, dieser Tag, der im Prinzip unser ganzes Leben darstellt, eine sehr bedauerliche Begebenheit enthält und daher versuchen, den Ärger mit etwas Positivem zu ersetzen. Es ist viel einfacher, eine Emotion mit einer anderen zu ersetzen als sie ganz fallenzulassen. Das Fallenlassen ist eine absichtliche Handlung des Loslassens. In der Meditation haben wir gelernt, das diskursive Denken mit der Achtsamkeit auf den Atem zu ersetzen; im täglichen Leben ersetzen wir das Unheilsame mit dem Heilsamen.

Normalerweise richtet sich unser Ärger gegen andere Menschen. Es ist für uns nicht so bedeutsam, was bei Tieren vorgeht oder was Menschen, die wir gar nicht kennen, tun. Meistens geht es um Menschen, die uns bekannt sind und uns noch dazu nahestehen. Aber da dies so ist, müßten wir doch auch einige sehr gute Eigenschaften von diesen Menschen kennen. Statt über irgendeine negative Handlung dieses Menschen nachzudenken, können wir unsere Aufmerksamkeit auf etwas Erfreuliches an ihm lenken. Selbst wenn jetzt Worte gefallen sind, die uns unangenehm berühren, dann hat der gleiche Mensch zu anderer Zeit Dinge gesagt, die uns angenehm waren. Er hat schon Gutes getan und uns Liebe und Mitgefühl bezeugt. Es geht darum, den Fokus unserer Achtsamkeit zu verändern, so wie wir es in der Meditation gelernt haben. Bis dieser Vorgang des Ersetzens in der Meditation zur Gewohnheit geworden ist, fällt es uns im täglichen Leben schwer, aber durch fleißiges Üben wird es möglich. Trotz aller Schwierigkeiten üben wir weiter.

Jedes Mal wenn wir unsere Aufmerksamkeit von unheilsamen Gedanken abwenden und dem Gegenteil zuwenden, erkennen wir unseren Übungsweg. Wir bewahren uns dadurch davor, schlechtes *Karma* zu machen und unseren ganzen Tag zu ruinieren. Es ist ja auch möglich, daß wir keinen weiteren Tag mehr erleben dürfen.

Die unmittelbaren Folgen all unserer Gedanken, Worte und Taten sind ganz offensichtlich. Wenn wir unsere Aufmerksamkeit gezielt darauf lenken, dann werden wir erkennen, daß heilsame Emotionen und Gedanken Frieden und Glück bringen, während unheilsame das Gegenteil bewirken. Nur ein Narr oder eine Närrin machen sich absichtlich unglücklich. Da wir keine Narren sind, werden wir versuchen, alles Unheilsame in unserem Denken und Fühlen zu eliminieren und immer mit dem Heilsamen zu ersetzen. Wir alle suchen nur eines, und das ist Glück. Unglück kann nur durch unsere eigenen Ideen und Reaktionen verursacht werden.

Wir selbst schaffen unser eigenes Glück oder Unglück, und wir können lernen, bedeutsamen Einfluß darauf auszuüben. Je besser die Meditation wird, desto leichter gelingt es, denn der Geist braucht Muskelkraft dafür. Ein zerstreuter Geist hat keine Stärke, keine Kraft. Wir können keine perfekten Resultate über Nacht erwarten, aber wir können ständig daran üben. Wenn wir nach einiger Zeit der Übung zurückblicken, dann werden wir eine Veränderung feststellen können. Wenn wir nach nur ein, zwei Tagen zurückblicken, dann werden wir kaum etwas Neues entdecken. Es ist wie bei dem Anbau von Gemüse. Wenn wir Samen in die Erde tun und sie am nächsten Tag wieder ausbuddeln, dann werden wir nur die Samen wiederfinden. Wenn wir uns aber um die Samen kümmern und eine Weile abwarten, dann werden wir einen Sprößling oder eine Pflanze entdecken. Es macht keinen Sinn, von Minute zu Minute nachzuschauen, aber es ist hilfreich, die Vergangenheit und ebenso die jetzt eingetretenen Veränderungen zu überprüfen.

Es ist eine gute Idee, am Ende eines jeden Tages Bilanz zu ziehen, vielleicht sogar schriftlich. Ein tüchtiger Geschäftsmann wird seine Warenbestände am Ende des Tages überprüfen und feststellen, welche

Waren bei den Kunden guten Anklang fanden und welche in den Regalen zurückgeblieben sind. Er wird die sogenannten Ladenhüter nicht neu bestellen, sondern nur die Ware, die sich gut verkaufen ließ. Wir können unsere Handlungen und Reaktionen des Tages überprüfen und dabei feststellen, welche zum Glück für uns und andere beigetragen haben und welche abgelehnt wurden. Wir werden die letzteren für den nächsten Tag nicht wieder aktivieren, sondern sie einfach absterben lassen.

Wenn wir das Abend für Abend tun, dann werden wir merken, daß die gleichen Handlungen immer wieder entweder akzeptiert oder zurückgewiesen worden sind. Freundlichkeit, Wärme, Interesse für andere, Hilfsbereitschaft, Anteilnahme und Fürsorge werden immer akzeptiert. Eigeninteresse, Ablehnung, Zurückweisung, Streitereien, Eifersucht werden immer abgewiesen. Wir können einmal all unsere Handlungen auf der Soll- oder Habenseite verbuchen, je nachdem ob sie Glück gebracht haben oder nicht. Wenn wir das tun, dann werden wir sehen, daß immer wieder die gleichen Reaktionen auf die gleichen Auslöser folgen. Diese Bilanz-Aufstellung wird uns einen starken Antrieb geben, mit den vorprogrammierten unheilsamen Reaktionen aufzuhören. Wir haben sie jahrelang und viele Leben hindurch mit uns herumgetragen, und sie haben immer nur Unglück hervorgebracht. Wenn wir sie beim Aufschreiben überprüfen oder sie in unserem Geist klar erkennen, dann werden wir gewiß versuchen, sie zu ändern. Wenn wir den Tag mit dem Vorsatz beginnen, achtsam zu sein, die Kontemplation der fünf täglichen Betrachtungen zu verinnerlichen und uns zu vergegenwärtigen, daß dies der einzige Tag ist, den wir haben, und ihn so nützlich wie nur möglich verbringen wollen, um ihn am Abend auf dem Bilanz-Papier zu überprüfen, dann wird uns dieser eine Tag wie ein ganzes Leben erscheinen.

Wenn wir dies sorgfältig und gewohnheitsmäßig tun, dann hat der nächste Tag, der unser nächstes Leben darstellt, die vorteilhaftesten Resultate. Ein Tag angefüllt mit Streit, Ablehnung, Sorgen, Furcht und Ängsten gibt den Anstoß dafür, daß der nächste Tag ähnlich sein wird. Wenn wir aber einen Tag voll liebender Güte, Hilfsbereitschaft und Verständnis für andere hatten, dann werden wir mit der gleichen inneren Einstellung aufwachen. Unser letzter Gedanke am Abend wird der erste am nächsten Morgen sein. Das *Karma*, das wir erben, zeigt sich am nächsten Tag; wir brauchen nicht auf ein nächstes Leben zu warten. Das ist viel zu nebulös. Wir handeln jetzt und erkennen die Resultate am nächsten Tag.

Es ist hilfreich, wenn wir die Liebende-Güte-Meditation vor dem Einschlafen üben. Wenn dies unsere letzten Gedanken am Abend sind, dann sind sie die ersten, die am nächsten Morgen im Geist auftauchen. Die Worte des Buddha über die Resultate von liebender Güte waren: „Man schläft friedlich, man erwacht friedlich und hat keine bösen Träume.“ (*Anguttara-Nikāya*, VIII, 1) Was können wir uns mehr wünschen? Wenn wir diese Grundsätze tagtäglich beachten, dann besteht kein Grund, warum unser Leben nicht harmonisch verlaufen sollte. Auf diese Art und Weise machen wir das Beste aus jedem Tag unseres Lebens. Wenn wir es nicht selbst machen, keiner wird es für uns tun. Jeder ist nur daran interessiert, das Beste aus seinem eigenen Leben zu machen. Wir können uns nicht auf andere verlassen, wenn wir glücklich sein wollen.

Was unsere Meditationspraxis betrifft, so dürfen wir sie nicht vernachlässigen. Wenn das geschieht, müssen wir wieder von vorne beginnen. Wenn wir aber jeden Tag meditieren, dann können wir zumindest das Niveau halten, das wir uns im Kurs erarbeitet hatten, es vielleicht sogar verbessern. Genau wie ein Sportler, der mit dem Training aufgehört hat, wieder ganz von vorn beginnen muß, so braucht der Geist ebenfalls ständige Disziplin und Aufmerksamkeit, weil er unseren inneren Haushalt dirigiert.

Nur unser Geist kann uns die Richtung für unser Leben geben, sonst nichts. Wir müssen ihm die Möglichkeit zur Entspannung geben; mit dem Denken aufzuhören, um einen Moment Ruhe und Frieden zu haben, damit er sich regenerieren kann. Ohne diese Erneuerung der Energie würde er genau wie alles andere Existierende zerfallen. Wenn wir uns um unseren Geist kümmern, dann wird er sich auch um uns kümmern.

Dies ist eine kurze Zusammenfassung, wie wir unser tägliches Leben für spirituelles Wachstum benutzen und unsere Meditationspraxis üben können. Wir sollten niemals denken, daß das *Dhamma* nur für Meditationskurse oder besondere Tage gilt: es ist vielmehr ein Lebensweg, bei dem wir die Vergänglichkeit und die Unzulänglichkeit der Welt nicht vergessen. Wir erkennen diese Wahrheiten in unseren Herzen, denn es ist wertlos, nur darüber nachzudenken. Wenn wir jeden Tag auf diese Weise üben, verschaffen wir uns Erleichterung und Befreiung von unseren Sorgen und Ängsten, weil diese alle mit der Welt zu tun haben. Das *Dhamma* überwindet die Welt.

Glossar

Die folgenden Pāli Wörter enthalten Konzepte und Ideen, für die es im Deutschen keine entsprechenden Synonyme gibt. Die Erklärungen dieser Ausdrücke sind dem »Buddhistischen Wörterbuch« von Nyāṇatiloka Mahāthera entnommen.

Anāgāmi: Der Nichtwiederkehrende, ist der im Besitz der dritten Stufe der Heiligkeit befindliche Edle Jünger.

Anattā: Nicht-Selbst, Nicht-Ich oder Substanzlosigkeit von allem, was existiert. – Die Lehre von *anattā* besagt, daß es weder innerhalb noch außerhalb der körperlichen und geistigen Daseinserscheinungen irgend etwas gibt, das man als eine für sich bestehende unabhängige Persönlichkeit bezeichnen könnte. – Eines der drei Daseinsmerkmale.

Anicca: Vergänglichkeit, ist eine Grundeigenschaft aller bedingten Vorgänge, seien sie körperlich oder geistig, grob oder fein, in der Innen- oder Außenwelt. – Eines der drei Daseinsmerkmale.

Anusaya: Die sieben Neigungen sind: Sinnliches Begehren, Widerstreben, Ansicht, Zweifelsucht, Dünkel, Daseinstrieb, Unwissenheit.

Arahat / Arahant: Der Vollkommen Erleuchtete, der von allen Fesseln frei ist. Die höchste Stufe der Heiligkeit.

Ariya: Edle Menschen, sind solche, die mindestens die erste der vier Stufen der Heiligkeit auf dem Weg zu → *Nibbāna* erreicht haben.

Avijjā: Nichtwissen, Unwissenheit, Verblendung, gilt als die Grundwurzel allen Übels in der Welt, da sie eben den Erkenntnisblick der Wesen verschleiert und sie die wahre Natur der Dinge nicht erkennen läßt.

Bhava-rāga / Bhava-taṇhā: Daseinsbegierde.

Brahma-vihāra: Die vier göttlichen Verweilungsstätten: Liebende Güte, Mitgefühl, Mitfreude, Gleichmut.

Cittânupassanā: Betrachtung der Gemütsstimmung; dritte Grundlage der Achtsamkeit.

Citta-samādhi: Konzentration des Bewußtseins (Sammlung).

Citta-viveka: Geistige Abgeschiedenheit.

Chanda-samādhi: Konzentration der Absicht.

Devas: Himmelswesen, in glücklicher Sphäre lebende und für die Menschen im allgemeinen unsichtbare Wesen, die aber genauso wie die Menschen und alle anderen Wesen dem beständigen Wiedergeborenwerden, Altern und Sterben unterworfen sind und die Daseinsrunde durchkreisen.

Dhamma: Die Lehre des Buddha, Naturgesetz, Gesetz, Wahrheit, Erscheinungen. – Das *Dhamma* als das vom Buddha erkannte und verkündete Gesetz ist zusammengefaßt in den vier Edlen Wahrheiten.

Dhammânupassanā: Betrachtung der Inhalte der Gedanken; vierte Grundlage der Achtsamkeit.

Diṭṭhi: Ansicht, Anschauung, Einsicht, Erkenntnis, wird aber, besonders wenn alleinstehend, meist im Sinne von verkehrter Ansicht, falscher Erkenntnis usw. gebraucht, seltener im Sinne von rechter Erkenntnis. Eine der drei Daseinsfesseln, die beim Stromeintritt überwunden wird.

Dukkha: Leiden, Leidunterworfensein, Unbefriedigtsein, Unzulänglichkeit. – Eines der drei Daseinsmerkmale und die erste der vier Edlen Wahrheiten.

Iddhi-pāda: Die vier Machtfährten: Konzentration der Absicht, Konzentration der Willenskraft, Konzentration des Bewußtseins (Sammlung), Konzentration des Erwägens.

Jhāna: Vertiefung, meditative Vertiefung. Bezeichnung für die vier feinkörperlichen und die vier formlosen Vertiefungen.

Kalyāṇa-mitta: Edler Freund, der in der Lehre des Buddha erfahren ist und auf dem spirituellen Weg ein Freund und Lehrer sein kann.

Kamma / Karma (skrt.): Wörtl. Wirken, Tat, bezeichnet die heilsame oder unheilsame Absicht, die hinter unseren Gedanken, Worten und Taten steht. *Karma* bedeutet also keineswegs das Ergebnis des Wirkens oder das Schicksal von Menschen oder ganzen Völkern.

Kammaṭṭhāna: Übungsgebiet, Kontemplations- und Innenschauthema.

Karuṇā: Mitgefühl.

Kāyânupassanā: Betrachtung des Körpers; erste

Grundlage der Achtsamkeit.

Kāya-viveka: Körperliche Abgeschiedenheit.

Khandha: Die Daseins- oder Anhaftungsgruppen, nennt man die fünf Gruppen, aus denen ein Mensch besteht: Körper, Gefühl, Wahrnehmung, Geistes-Formationen und Sinnesbewußtsein, d.h. der Körper und die vier Teile des Geistes.

Lokiya: Weltlich, nennt man alle nicht mit dem überweltlichen Pfad verbundenen Bewußtseins-Zustände und Geistes-Faktoren.

Lokuttara: Überweltlich, nennt man die als die vier überweltlichen Pfadergebnisse bezeichneten Bewußtseins-Zustände.

Magga-phala: Pfad und Frucht. Der Eintritt in einen der überweltlichen Pfade.

Māna: Dünkel, ist eine von den an den Kreislauf des Daseins kettenden zehn Fesseln.

Māra: Der Versucher, ist die Personifikation der die Menschen überwältigenden Leidenschaften.

Mettā: Liebende Güte, bedingunsglose Liebe, ist eine der vier göttlichen Verweilungsstätten. Die anderen drei sind: Mitgefühl, Mitfreude und Gleichmut.

Muditā: Mitfreude.

Nibbāna: Wörtl. nicht-brennen, ist das höchste Ziel allen buddhistischen Strebens, die endgültige, restlose Befreiung aus der Daseinsrunde, von allem künftigen Wiedergeborenwerden, Altern und Sterben, Leiden und Elend.

Nivaraṇa: Die fünf Hindernisse: sinnliches Begehren, Böswilligkeit, Lässigkeit und Trägheit, Rastlosigkeit, skeptischer Zweifel.

Padhāna: Die vier großen Anstrengungen: vermeiden, überwinden, entfalten, erhalten.

Papañca: Weitschweifigkeit, Mannigfaltigkeit, Vervielfältigung.

Paṭiccasamuppāda: Die bedingte Entstehung, ist die Lehre von der Bedingtheit aller körperlichen und geistigen Phänomene.

Puthujjana: Weltling, nennt man jeden, der noch sämtliche zehn Fesseln und daher noch keine der vier Heiligkeitsstufen (Stromeintritt usw.) verwirklicht hat.

Sacca: Wahrheit, die vier Edlen Wahrheiten.

Sakadāgāmī: Der Einmalwiederkehrende; die zweite der vier Stufen der Heiligkeit auf dem Weg zu → *Nibbāna*.

Sakkāya-diṭṭhi: Persönlichkeitsglaube. Die erste der zehn Fesseln, die beim Stromeintritt aufgegeben wird.

Samatha: Ruhe, Ruhe-Meditation, ein Synonym von *samādhi*.

Sampajañña: Wissensklarheit; oft verbunden mit Achtsamkeit (*sati*-sampajañña).

Saṁsāra: Kreislauf des Daseins oder der Wiedergeburten, der scheinbar unauflösliche Prozeß des immer wieder und wieder Geborenwerdens, Alterns, Leidens und Sterbens.

Saṁvega: Ergriffenheit, Gefühl der Dringlichkeit.

Sangha: Wörtl. Schar, ist eine Bezeichnung für die Mönchs- und Nonnengemeinschaft.

Sankhāra: Gestaltung, Bildung, bezeichnet sowohl die Tätigkeit des Gestaltens als auch den passiven

Zustand des Gestaltetseins, das Gestaltete, das Gebilde.

Sīlabbata-parāmāsa: Glaube an Regeln und Riten, ist die von dem Stromeingetretenen überwundene dritte von den zehn ans Dasein kettenden Fesseln.

Sotâpanna: Stromeingetretener; der erste der Edlen Jünger, der die ersten drei Fesseln abgelegt hat.

Sotâpatti: Stromeintritt; die erste der vier Stufen der Heiligkeit auf dem Weg zur Verwirklichung des → *Nibbāna*.

Upekkhā: Gleichmut.

Vedanânupassanā: Betrachtung der Gefühle; zweite Grundlage der Achtsamkeit.

Vicikicchā: Skeptischer Zweifel, Zweifelsucht, ist eins der fünf Hindernisse und eine der drei Daseinsfesseln, die beim Stromeintritt überwunden werden.

Vīmaṁsā-samādhi: Konzentration des Erwägens.

Vipāka: Karmawirkung.

Vipassanā: Einsicht; das aufblitzende, intuitive Erkennen der Vergänglichkeit, des Leidens und der Unpersönlichkeit aller körperlichen und geistigen Erscheinungen.

Viriya-samādhi: Konzentration der Willenskraft.

Yathābhūta-ñāṇadassana: Das Wissen und Sehen der Dinge, wie sie wirklich sind; eine der 18 Arten des Erkenntnisblicks.

Weitere Veröffentlichungen des Jhana Verlages

Ayya Khema
Die vier Ebenen des Glücks
Die Anweisungen des Buddha zum Glücklichsein
2. Aufl., geb., 320 S.,
ISBN 3-931274-08-X

Ayya Khema
Meditation
Das Herz der Religionen
4. Aufl., brosch., 112 S.,
ISBN 3-931274-11-X

Grenzenloses Sein
– Gedenkschrift für Ayya Khema –
geb. mit Schutzumschlag, 424 S.,
ISBN 3-931274-12-8

Steve und Rosemary Weissman
Mitfühlendes Verständnis
Vipassana-Meditation
– Ein 10-Tages-Kurs –
Erweiterte, überarb. Neuauflage,
geb., 390 S., ISBN 3-931274-25-X

Jhana Verlag • Buddha-Haus • Uttenbühl 5
87466 Oy-Mittelberg • Tel.: 0 83 76 / 5 02 • Fax: 5 92